W0073459

Alexandra Ehmke • Katrin Rulffes

Und die Kinder?

Psychologische und rechtliche Hilfen
für Eltern bei Trennung und Scheidung

Ernst Reinhardt Verlag München Basel

Inhalt

Perspektiven nach der Trennung 181

Vorwort

Seit vielen Jahren arbeiten wir in unseren Berufen als Psychologin und Rechtsanwältin mit Trennungsfamilien und sehen tagtäglich, wie schwierig es für Eltern ist, sich und ihre Kinder gut durch die Turbulenzen der Trennungszeit zu bringen. Hieraus ist der Wunsch entstanden, Eltern einen Leitfaden an die Hand zu geben, der sie umfassend über die wichtigsten psychologischen und juristischen Aspekte der Trennung und Scheidung informiert.

Unser Ratgeber wurde primär für Eltern mit Kindern im Alter zwischen 0 und 12 Jahren geschrieben. Die einzelnen Informationen und Anregungen sind aber durchaus auch für ältere Kinder gültig. Der Ratgeber ist in drei Teile gegliedert: Die Zeit vor der Trennung, die ersten zwei Jahre nach der Trennung und die weitere Perspektive. Zunächst stellen wir in jedem der drei Teile die psychologisch relevanten Aspekte dar, dann die juristischen. Unser Ratgeber enthält viele Tipps und anschauliche Beispiele, die den Lesern dabei helfen sollen, ihre eigene Situation als Eltern besser zu verstehen und sich in die Sichtweise ihrer Kinder hineinzuversetzen. Eltern erfahren, welche Bedürfnisse ihre Kinder in der Trennungssituation haben und wie sie ihnen am besten gerecht werden können. Sie werden auch darin angeleitet, als Eltern zu kooperieren. Im juristischen Teil des Ratgebers wird erläutert, was hinter rechtlichen Begriffen wie „Elterliche Sorge" und „Umgangsrecht" steckt. Es wird dargestellt, unter welchen Voraussetzungen Unterhaltsansprüche bestehen und wie die Grundzüge einer Unterhaltsberechnung aussehen. Daneben gibt es weiteres Wissenswertes rund um die Themen Trennung und Scheidung.

Die einzelnen Kapitel des Buches stehen für sich und müssen nicht in der vorgegebenen Reihenfolge gelesen werden. Leser können mit dem Thema anfangen, das sie am meisten interessiert. Verweise führen an entsprechender Stelle zu wichtigen Informationen aus anderen Kapiteln. Allein aus Gründen der besseren Lesbarkeit haben wir uns dazu entschieden, die männliche Form zu verwenden, wenn wir über „den Elternteil", „den Ehepartner" oder „den neuen Partner" schreiben. Selbstverständlich sind damit Frauen ebenso angesprochen wie Männer.

Heidelberg, im September 2011
Alexandra Ehmke und Katrin Rulffes

Die Trennung steht bevor

Gefühle in Aufruhr

Eine bevorstehende Trennung belastet Eltern und Kinder. Gerade jetzt ist es wichtig, den Kindern Halt zu geben und sensibel auf ihre Bedürfnisse zu achten. Auch die Eltern sollten jetzt gut für sich sorgen, um diese schwierige Zeit zu meistern.

Wie sich die Eltern fühlen

In den Wochen und Monaten vor einer Trennung erleben die betroffenen Eltern häufig eine gefühlsmäßige Berg- und Talfahrt. Sie fühlen sich erschöpft, sie sind aufgewühlt, verletzt, verzweifelt oder auch wütend. Sie kämpfen um die Ablösung von ihrem Partner oder um die Aufrechterhaltung der Paarbeziehung und den Fortbestand der Familie. Manchmal haben beide Eltern den Wunsch sich zu trennen, weil sie gemerkt haben, dass das Zusammenleben für sie nicht funktioniert. Häufig ist es jedoch so, dass ein Elternteil die Trennung wünscht und aktiv darauf hinarbeitet und der andere Elternteil die Trennung verhindern möchte und alles daran setzt, den anderen umzustimmen.

Vor der Trennung erleben Eltern ein Gefühls-Chaos.

Dem aktiven Partner geht es vor einer Trennung oft besser als dem passiven. Er kämpft für etwas, was sich aus seiner Sicht lohnt. Aber auch er fühlt sich unsicher. Er kann sich nicht vorstellen, wie ein Leben ohne den anderen konkret aussehen wird, und hat Schuldgefühle, weil er dem Partner und den Kindern so viel Schmerz zufügt. Der Partner, der die Trennung nicht will, ist oft verzweifelt, weil sich sein ganzer Lebensplan auf einmal in Luft aufzulösen scheint. Er fühlt sich in seinem Stolz verletzt, kann nicht fassen, dass der andere ihm das wirklich antun will und sieht für sich – außer im weiteren Zusammenleben mit seinem Partner – manchmal gar keine Lebensperspektive.

Die Gedanken und Gefühle der Eltern drehen sich oft im Kreis, wenn sie immer wieder darüber nachdenken, ob eine Trennung tatsächlich der beste Weg ist und wie das Leben nach der Trennung weitergehen soll. Eltern streiten in dieser Zeit häufiger miteinander als zuvor. Manche führen zum ersten Mal in ihrer

Beziehung tiefer gehende Gespräche, in denen sie dem anderen mitteilen, wie es in ihrem Innersten wirklich aussieht. Zusätzlich fordern die Kinder und der Beruf weiter viel Aufmerksamkeit und Engagement, was betroffene Eltern an die Grenze ihrer Leistungsfähigkeit bringen kann.

Wie sich die Kinder fühlen

Auch Kinder erleben die Zeit vor der Trennung als sehr belastend. Wenn sich ihre Eltern häufiger als sonst streiten oder kaum mehr miteinander reden, wenn Freizeitaktivitäten, an denen früher die ganze Familie teilgenommen hat, nur noch von einem Elternteil begleitet werden oder ganz ausfallen, spüren Kinder, dass etwas anders geworden ist. Kinder sind sehr stark von ihren Eltern abhängig. Sie nehmen daher sehr sensibel wahr, wie sich ihre Eltern verhalten und wie es ihren Eltern geht ($\rightarrow$ Kap. 6, „Eltern beeinflussen ihre Kinder").

Das veränderte Verhalten der Eltern verunsichert Kinder.

Etwas ist anders! Kinder haben ein sehr gutes Gespür für mögliche Spannungen zwischen den Eltern.

Kinder wollen nicht, dass sich an ihrem eingespielten Lebensrhythmus etwas ändert. Sie brauchen feinfühlige Eltern, die ihre Bedürfnisse wahrnehmen und viel Zeit für sie haben. Sie brauchen von ihren Eltern Geborgenheit, Zuwendung und Anregung und wollen verlässlich von ihren Eltern versorgt und betreut werden. Wenn Eltern plötzlich sehr stark mit sich beschäftigt sind, reagieren sie anders auf ihre Kinder. Sie nehmen die Bedürfnisse ihrer Kinder oft nicht mehr so gut wahr und haben nicht mehr so viel Kraft, mit ihren Kindern zu reden, zu spielen und zu kuscheln. Die meisten Kinder fühlen sich durch die veränderte Atmosphäre in der Familie und durch das veränderte Verhalten ihrer Eltern verunsichert und angespannt oder auch ängstlich. Manchen Kindern merkt man das äußerlich gar nicht an. Sie verhalten sich wie sonst auch. Andere Kinder zeigen plötzlich Verhaltensauffälligkeiten. Die Scheidungsforschung zeigt, dass es kein spezielles Scheidungssyndrom gibt, mit dem Kinder auf die Trennung ihrer Eltern reagieren (Figdor 1994; Hetherington / Kelly 2003; Largo 2009), sondern dass jedes Kind mit seinen individuellen Voraussetzungen und Möglichkeiten auf die veränderte Situation antwortet (→ Kap. 6, „Mögliche Reaktionen von Kindern auf die veränderte Situation").

Wenn der Streit der Eltern zum Loyalitätskonflikt führt

Kinder fühlen sich ganz besonders stark belastet, wenn die Eltern versuchen, ihr Kind im Streit mit dem Partner auf ihre Seite zu ziehen.

Linas Mutter hatte vielleicht einfach nur das Bedürfnis, ihrer Tochter zu erklären, warum ihr zum Weinen zumute ist. Für Lina ist das jedoch eine schwierige Situation. Sie hat beide Eltern gern. Aber jetzt hört sie, dass der Vater der Mutter weh tut und böse ist. Sie fühlt sich gedrängt, zu ihrer

Beim Streit der Eltern geraten Kinder zwischen die Fronten.

Mutter zu halten, damit es der Mutter wieder besser geht. Schnell gerät sie in einen inneren Konflikt, weil eine Parteinahme für die Mutter nicht mit Linas Wunsch zusammenpasst, von beiden Eltern weiterhin ein positives Bild zu haben. Auch junge Kinder werden durch solche Aussagen belastet und geraten in Loyalitätskonflikte.

Beispiel

Lina, acht Jahre alt, spielt in ihrem Kinderzimmer. Aus dem Wohnzimmer hört sie den Streit ihrer Eltern. Sie will gar nicht hören, was sich ihre Eltern wieder einmal an den Kopf werfen, und singt ein Lied, das sie heute Morgen in der Schule gelernt hat. Eigentlich wollte sie ihre Mutter gleich nach der Schule fragen, ob sie ihre Freundin Hannah besuchen kann. Aber ihre Mutter wirkte heute so komisch. Auch ihr Vater hatte schlechte Laune, als er von der Arbeit nach Hause kam, da ist sie lieber wieder in ihr Kinderzimmer gegangen. Und jetzt streiten sich ihre Eltern schon wieder. Lina nimmt ihre Puppe in den Arm und wiegt sie hin und her. Dann legt sie sie vorsichtig in den Puppenwagen. Plötzlich wird die Wohnungstür mit lautem Krach zugeschlagen. Lina zieht unwillkürlich den Kopf ein. Dann hört sie ihre Mutter weinen. Lina geht zu ihr. Sie hat plötzlich Bauchweh und weiß nicht, was sie machen soll. Ihre Mutter hat noch nie geweint. Schließlich legt sie ihrer Mutter vorsichtig die Hand auf die Schulter. Als die Mutter Lina bemerkt, hört sie auf zu schluchzen und meint: „Ach Lina, der Papa ist so böse. Er denkt nur an sich. Jetzt will er uns auch noch das Auto wegnehmen. Gut, dass ich dich habe."

Streitigkeiten der Eltern bringen Kinder in Loyalitätskonflikte.

Sie verstehen vielleicht die Bedeutung der elterlichen Worte noch nicht so wie Lina. Aber sie spüren, dass es ihren Eltern schlecht geht und dass der andere Elternteil etwas damit zu tun hat.

Wie Kinder die emotionale Befindlichkeit der Eltern erleben

Sehr belastend ist es für Kinder auch, wenn es ihren Eltern über einen längeren Zeitraum psychisch sehr schlecht geht. Kinder wollen, dass es ihren Eltern gut geht. Wenn das nicht der Fall ist, versuchen sie einen Beitrag dazu zu leisten, dass es ihren Eltern wieder besser geht. Sie versuchen, ihre Eltern aufzumuntern, indem sie besonders brav sind oder ihren Eltern ein Geschenk machen, oder sie wollen ihre Eltern trösten, indem sie sich zu ihnen ins Bett legen und mit ihnen kuscheln. Grundsätzlich ist daran nichts auszusetzen. Auch Lina (→ S.16) ist zu ihrer Mutter gegangen und hat versucht, sie zu trösten. Wenn der schlechte psychische Zustand der Eltern jedoch Wochen und Monate anhält, kann es in der Eltern-Kind-Beziehung zu einer Rollenumkehr kommen. In der Trennungsphase können Eltern die Rolle des bedürftigen Kindes einnehmen, wenn sie die Zuwendung des Kindes in erster Linie als Ersatz für die verlorene Liebe des Partners sehen oder wenn sie im Zuge der Trennung in das Bett ihres Kindes einziehen, weil sie selbst so ein starkes Bedürfnis nach Nähe haben.

Kinder fühlen sich dann gedrängt, in die Rolle des versorgenden und schützenden Elternteils zu schlüpfen. Sie bekommen nun nicht mehr Wärme, Geborgenheit und Trost von ihren Eltern, wie es normalerweise üblich ist, sondern versuchen, ihren Eltern Wärme, Geborgenheit und Trost zu geben. Kinder haben vielfältige Bedürfnisse und zeigen diese auch. Wenn sie von klein auf die Erfahrung machen, dass ihre Eltern die kindlichen Bedürfnisse wahrnehmen und angemessen darauf reagieren, lernen Kinder, dass sie Einfluss auf ihre Umwelt haben und darauf, dass ihre wichtigsten Bedürfnisse befriedigt werden. Sie machen die Erfahrung von Selbstwirksamkeit und lernen, auf die eigenen Fähigkeiten zu vertrauen. Wenn sie als Erwachsene vor Herausforderungen stehen, halten sie sich für kompetente Menschen und versuchen, anstehende Probleme zu lösen. Das Gefühl, für die Bedürfnisse der Eltern zuständig zu sein, führt bei Kindern jedoch nicht zum Erleben von Selbstwirksamkeit, sondern zu einem Gefühl von Machtlosigkeit und Versagen. Kinder können die Probleme ihrer Eltern nicht lösen. Sie können ihrer Mutter oder ihrem Vater zwar beistehen, damit sie oder er sich nicht so allein fühlt. Den Grund für die schwierige Gefühlslage ihrer Eltern können sie aber nicht beseitigen. Nur Eltern sind in der Lage, etwas gegen ihre momentane negative Grundstimmung zu tun, entweder allein oder mit professioneller Unterstützung.

Tipp

→ *Ihr Kind kann Ihnen nicht helfen, Ihre Probleme zu lösen. Nehmen Sie, wenn nötig, professionelle Unterstützung dafür in Anspruch.*

Das vergebliche Bemühen, die Probleme der Eltern zu lösen, reduziert das Selbstvertrauen der Kinder und kann ihnen im späteren Leben viele Probleme bereiten, wenn sie vor Herausforderungen stehen und sich selbst wenig zutrauen. Daneben vernachlässigen Kinder, die sich in der Verantwortung für ihre Eltern sehen, auch die eigenen kindlichen Interessen und Bedürfnisse. Sie haben weniger Zeit zum Spielen, trauen sich nicht mehr laut und fröhlich zu sein oder haben zu wenig Zeit für die Schule und Freunde. Auch das kann die kindliche Entwicklung sehr stark hemmen.

Erleben von Selbstwirksamkeit

Wenn Kinder im Laufe ihrer Entwicklung erleben, dass ihre Eltern positiv und angemessen auf ihre Bedürfnisäußerungen reagieren, machen sie die Erfahrung von „Selbstwirksamkeit". So wird ein weinendes Kind, das Angst vor einer fremden Person hat, von seinen Eltern auf den Arm genommen, es wird getröstet, wenn es traurig ist oder wird gefüttert, wenn es Anzeichen von Hunger zeigt. Die Kinder erfahren so, dass ihre Äußerungen notwendige Reaktionen hervorrufen, ihr Vertrauen in ihr eigenes Tun wird gestärkt.

Das hilft Kindern in der Trennungszeit

Was Kinder in dieser schwierigen Zeit ganz besonders dringend benötigen, ist die feinfühlige und verlässliche Versorgung, Zuwendung und Betreuung durch ihre vertrauten Bezugspersonen (Largo 2009). Sie brauchen Eltern, die sich weiterhin klar in der Elternrolle sehen, die ihren Kindern auch in dieser Zeit Liebe und Aufmerksamkeit schenken und die Betreuung ihrer Kinder weiter verlässlich organisieren. Sie brauchen Eltern, die in der Lage sind, ihre Konflikte zu lösen und die ihre Kinder von den Problemen der Erwachsenen fern halten. Kinder wollen nicht, dass sich ihre Eltern trennen und egal, wie alt Kinder sind, sie wünschen sich, dass sie weiter mit beiden Eltern in einer Familie zusammenleben können. Wenn sich Eltern dennoch für eine Trennung entscheiden, können sie die Belastungen für ihre Kinder ganz erheblich reduzieren, wenn sie die Bedürfnisse und die Befindlichkeit ihres Kindes im Blick haben.

Kinder brauchen Zuwendung von vertrauten Bezugspersonen.

Sieben Tipps zur Stressreduktion

Folgendes kann Eltern dabei helfen, die schwierige Zeit für sich und ihre Kinder besser zu bewältigen:

1   *Lenken Sie Ihre Gedanken und Gefühle in eine positive Richtung.* Machen Sie sich immer wieder klar, dass die Trennung eine schwierige Lebensphase ist, die vorüber gehen wird. Der Schmerz wird irgendwann nachlassen und es wird Ihnen wieder besser gehen. Machen Sie sich auch immer wieder klar, dass Sie ein Leben vor Ihrer Beziehung zu Ihrem jetzigen Partner hatten und dass es für Sie auch ein Leben nach dieser Beziehung geben wird. Machen Sie eine Liste von Eigenschaften und Fähigkeiten, die Sie an sich schätzen. Schreiben Sie auf, was neben allem Ärger und Schmerz in Ihrem Leben gut funktioniert und was Sie in der nächsten Zeit erreichen wollen!

2   *Machen Sie so oft wie möglich etwas, was Ihnen gut tut.* Überlegen Sie, welche Beschäftigungen Ihnen bisher Spaß gemacht haben und was Ihnen dabei geholfen hat, sich zu entspannen oder Ärger abzubauen (z. B. ein Buch lesen, spazieren gehen, Sport machen, sich mit Freunden treffen, ins Kino gehen, ein schönes Essen kochen). Planen Sie Zeit für solche positiven Beschäftigungen ein.

3   *Sprechen Sie mit einer erwachsenen Person, der Sie vertrauen, von der Sie sich verstanden und akzeptiert fühlen, über Ihren Kummer, Ihre Sorgen und Ihre Ängste.* Treffen Sie sich mit einer Freundin / einem Freund oder Verwandten zu einem Gespräch unter vier Augen. Sprechen Sie möglichst nicht mit Ihrem Kind darüber, wie schlecht es ihnen geht. Sie dürfen vor Ihrem Kind auch hin und wieder traurig sein und weinen. Zeigen Sie Ihrem Kind aber immer wieder, dass Sie weiter die Elternrolle innehaben, dass sich Ihr Kind an Sie anlehnen kann und von Ihnen Trost erhalten wird.

4   *Nehmen Sie sich jeden Tag gezielt Zeit für Ihr Kind.* Liebevolle Zuwendung beruhigt Kinder. Lesen Sie zusammen ein Buch, spielen und kuscheln Sie mit Ihrem Kind. Achten Sie darauf, dass Ihr Kind Freundschaften pflegt und außerhalb der Familie Erfolgserlebnisse hat. Hören Sie Ihrem Kind zu, wenn es

Fragen stellt oder über seinen eigenen Kummer spricht. Versuchen Sie, den gewohnten Tagesrhythmus beizubehalten. Das gibt Ihrem Kind Sicherheit. Lassen Sie sich von Verwandten und Freunden in der Zuständigkeit für Ihr Kind unterstützen. Ein Zoobesuch mit den Großeltern kann Ihr Kind auf andere Gedanken bringen. Wichtig ist jedoch, dass sich diese Personen in Anwesenheit Ihres Kindes nicht negativ über den anderen Elternteil äußern (→ Kap. 6, „Die innere Haltung zum anderen Elternteil").

5 Suchen Sie immer wieder das sachliche Gespräch mit Ihrem Partner (→ Die sieben Schritte zu einer guten Kommunikation, S. 35). Entscheiden Sie nichts über den Kopf Ihres Partners hinweg. Treffen Sie Entscheidungen, die für Sie, Ihren Partner und Ihre Kinder sinnvoll sind und die Interessen aller berücksichtigen. Vermeiden Sie Entscheidungen, die nur dazu dienen, dem anderen weh zu tun oder zu schaden. Machen Sie sich klar: Es muss in Ihrem Interesse liegen, dass es auch dem anderen gut geht, denn Ihr Kind braucht weiter beide Eltern. Wenn Sie zu zweit nicht miteinander reden können, dann suchen Sie sich professionelle Unterstützung (→ Kap. 3, „Beratungsangebote").

6 Halten Sie Ihr Kind so gut wie möglich aus den Streitigkeiten mit Ihrem Partner heraus. Streiten sie möglichst nicht vor Ihrem Kind und sprechen Sie vor Ihrem Kind nicht negativ über den anderen Elternteil. Vermitteln Sie Ihrem Kind stattdessen, dass Sie als Eltern daran arbeiten, gute Lösungen für Ihre Probleme zu finden. Besprechen Sie mit Ihrem Kind nur das, was für Ihr Kind wichtig ist, z. B. ob und wann die Mama oder der Papa ausziehen wird, ob Sie umziehen müssen, ob Ihr Kind die Schule oder den Kindergarten wechseln muss.

7 Holen Sie sich professionelle Hilfe, falls Sie das Gefühl haben, von der ganzen Situation überwältigt zu werden, nur noch schwarz zu sehen oder keine Kraft mehr zu haben, morgens aufzustehen und den Tag zu bewältigen. Wenden Sie sich an eine psychologische Beratungsstelle, erkundigen Sie sich bei Freunden nach guten Psychotherapeuten. Sehen Sie es als Stärke, dass Sie in einer schweren Zeit einen Fachmann oder eine Fachfrau um Rat fragen wollen.

Fragen über Fragen

Die Trennung der Eltern verändert das Leben aller Beteiligten grundlegend. Vieles, was in der Vergangenheit reibungslos funktioniert hat, muss neu geregelt werden. Eltern tun gut daran, sich schon vor ihrer Trennung über die wichtigsten Fragen auszutauschen und Lösungen zu vereinbaren.

Checkliste

Das müssen Eltern regeln:

- ○ *Bei wem lebt das Kind nach der Trennung?*
- ○ *Wer bleibt nach der Trennung in der Ehewohnung und wer zieht aus? Müssen sich beide Eltern eine neue Wohnung suchen?*
- ○ *Wie viel Geld steht nach der Trennung für alle zur Verfügung und wie wird das Geld verteilt?*
- ○ *Wie werden gemeinsame Kredite oder Eigentum weiter abbezahlt?*
- ○ *Muss nach der Trennung auch der betreuende Elternteil arbeiten gehen oder seine Arbeitszeit aufstocken, weil das Geld nicht reichen wird?*
- ○ *Wie wird der Hausrat und eventuelles Vermögen aufgeteilt?*

Checkliste

Das muss für die Kinder geregelt werden:

- ○ *Mit welchem Elternteil lebt das Kind nach der Trennung zusammen?*
- ○ *Bleiben die Geschwister zusammen oder leben sie nach der Trennung bei unterschiedlichen Elternteilen?*
- ○ *Wie häufig, wie lange und in welcher Form wird das Kind zum anderen Elternteil Kontakt haben?*
- ○ *Muss das Kind umziehen, den Kindergarten oder die Schule wechseln?*
- ○ *Wie kann der Kontakt zu Freunden und Verwandten nach einem Umzug aufrechterhalten werden?*
- ○ *Wie wird die Betreuung des Kindes nach der Trennung aussehen?*
- ○ *Kann das Kind seine Freizeitaktivitäten (Musikunterricht, Reiten, Fußball) aufrechterhalten oder müssen Freizeitaktivitäten aus finanziellen Gründen eingeschränkt werden?*

Mögliche Aufenthaltsmodelle

Bevor sich Eltern trennen, müssen sie darüber entscheiden, bei welchem Elternteil ihr Kind nach der Trennung leben wird. Für Kinder bis zum Ende des Grundschulalters ist es am besten, wenn die Eltern diese Frage unter sich klären. Kinder bis zu diesem Alter sind damit überfordert, selbst zu entscheiden, bei wem sie nach einer Trennung leben wollen. Sie haben beide Eltern gern und wollen keinen von ihnen verletzen, indem sie sich dafür aussprechen, beim einen oder anderen zu leben. Grundsätzlich ist bezogen auf den Aufenthalt des Kindes vieles möglich und auch machbar, vorausgesetzt, die grundlegenden Bedürfnisse des Kindes und der Eltern werden ausreichend berücksichtigt. Fachleute sind sich darin einig, dass es für Kinder ein Vorteil ist, wenn sich für sie nach der Trennung ihrer Eltern möglichst wenig ändert (Balloff 2004; Hetherington / Kelly 2003; Largo 2009). Der Verbleib im gewohnten Umfeld und die Fortführung der bisherigen Betreuungssituation kann Kindern in einer Zeit, in der sich vieles ändert und Vertrautes in die Brüche geht, Sicherheit geben. Auch heutzutage werden in Deutschland vor einer Trennung die meisten Kinder von ihren Müttern betreut. Viele Eltern entscheiden sich dafür, diese Betreuungsform nach der Trennung fortzusetzen. Daher leben nach einer Trennung 85 % der Kinder mit ihrer Mutter zusammen (Schneewind 2010). Die Fortführung der bisherigen Betreuungssituation ist dann im Interesse des Kindes, wenn derjenige Elternteil, der das Kind vor der Trennung überwiegend betreut hat, über die notwendigen persönlichen und erzieherischen Kompetenzen verfügt, um nach der Trennung die Erziehungsverantwortung weitestgehend allein auszuüben.

Für Kinder ist es am besten, wenn sich für sie nach der Trennung möglichst wenig ändert.

Die Entwicklung der Eltern-Kind-Beziehung – Die Bindungstheorie

Da Säuglinge und Kleinkinder noch nicht selbst für ihre Bedürfnisse sorgen können, sind für sie die Beziehungen zu erwachsenen Fürsorgepersonen überlebensnotwendig. Nach und nach entwickeln Kinder zu denjenigen Personen, die für die kindlichen Bedürfnisse zuständig sind, eine gefühlsmäßige Bindung. In den ersten beiden Lebensmonaten richtet sich das kindliche Verhalten noch nicht spezifisch auf eine bestimmte Person, was sich in den folgenden Monaten jedoch verändert. Zwischen dem zweiten und sechsten Lebensmonat lässt sich das Kind deutlich besser von den Äußerungen und Verhaltensweisen einer ihm vertrauten Person beruhigen, im Alter von neun Monaten fühlen sich Kinder in der Nähe ihrer Hauptbezugsperson am wohlsten und versuchen selbstständig Nähe zu ihr herzustellen. Diese Bindungsperson stellt für das Kind eine sichere Basis dar, die das Kind aufsucht, wenn es sich unwohl fühlt und von der aus es die Umwelt erkunden kann, wenn es ihm wieder gut geht. Kinder können Bindungen zu mehreren Bezugspersonen entwickeln. Die meisten Kinder bevorzugen jedoch eine bestimmte Bindungsperson, wenn sie müde bzw. krank sind oder leiden. Es hängt vom Verhalten der Bindungsperson ab, welche Qualität die Bindung hat. Wenn Kinder darauf vertrauen können, dass sich die Bindungsperson ihnen zuwendet, sobald sie Hunger, Durst, Schmerz, Angst oder das Bedürfnis nach Nähe haben, und wenn Kinder erleben, dass die Zuwendung Beruhigung bringt, dann entwickeln sie im Laufe des ersten Lebensjahrs eine sichere Bindung an ihre Hauptbezugsperson. Eine sichere Bindung wirkt im Leben von Kindern als Schutzfaktor, der die ungünstige Wirkung von Risikofaktoren abmildern oder ausgleichen kann (→ S.102). Wenn Kinder mit beiden Eltern zusammenleben, tragen beide Eltern zur emotionalen Sicherheit ihres Kindes bei und dazu, dass ihr Kind Vertrauen in sich und andere Menschen hat (Dornes 2001; Grossmann / Grossmann 2008).

Zur Lösung der Aufenthaltsfrage haben sich drei Modelle etabliert: Das Residenzmodell beinhaltet, dass ein Kind nach der Trennung bei einem Elternteil einen klaren Lebensmittelpunkt hat und zum anderen Elternteil regelmäßig Kontakt hat. Wenn sich Eltern für das Wechselmodell entscheiden, wechselt das Kind zwischen den Wohnungen der Eltern und hält sich ungefähr zur Hälfte bei beiden Eltern auf. Beim Nestmodell lebt das

Kind konstant in einer Wohnung und wird dort abwechselnd von jeweils einem Elternteil betreut.

Das Residenzmodell

Vorteile

> Das Modell ist für alle Beteiligten gut überschaubar.
> Das Kind verbringt den größten Teil seines Alltags bei einem Elternteil an einem Wohnort und erlebt dadurch im Alltag viel Regelmäßigkeit.

Beim Residenzmodell hat das Kind bei einem Elternteil einen klaren Lebensmittelpunkt.

> Das Kind kann sich im Alltag mit Freunden treffen, die es aus Schule und Kindergarten kennt.
> Die Notwendigkeit elterlicher Absprachen beschränkt sich auf ein Minimum.

Nachteile

> Das Kind sieht einen Elternteil deutlich seltener als früher.
> Der getrennt lebende Elternteil bekommt vom Alltag seines Kindes nur sehr wenig mit.
> Das Leben des Kindes ist unterteilt in den von Regeln geprägten Alltag mit dem einen Elternteil und das Freizeitvergnügen mit dem anderen Elternteil.

Das Wechselmodell

Vorteile

> Das Kind hat zu beiden Eltern weiterhin viel Kontakt und kann von den unterschiedlichen Persönlichkeiten beider Eltern weiterhin in gleichem Maße profitieren.
> Das Kind hat nicht das Gefühl, sich für einen Elternteil entscheiden zu müssen.
> Beide Eltern können viel Zeit mit ihrem Kind verbringen und erleben ihr Kind in allen Lebenslagen.

Nachteile

▶ Das Kind erlebt auch im Alltag ständige Wechsel und muss sich immer wieder auf das Zusammenleben mit einem anderen Elternteil einstellen.

▶ Kinder und Eltern haben einen hohen organisatorischen Aufwand, da Schulsachen, Musikinstrumente oder Sportzubehör zwischen den Eltern hin und her transportiert werden müssen. Leicht wird bei dem einen Elternteil etwas vergessen, was das Kind während des Aufenthalts bei dem anderen Elternteil benötigt.

Beim Wechselmodell hält sich das Kind ungefähr gleich häufig bei beiden Eltern auf.

▶ Eltern müssen sich ständig umfassend austauschen und informieren.

▶ Liegen die Wohnungen der Eltern weit auseinander, kann das Kind seine Freundschaften in der Regel nur bei dem Elternteil pflegen, der in der Nähe der Schule oder des Kindergartens wohnt.

Das Nestmodell

Vorteile

▶ Das Kind wohnt beständig in derselben Wohnung und erlebt bezogen auf sein Wohnumfeld, seine Spielsachen und seine Sozialkontakte viel Kontinuität.

▶ Das Kind hat zu beiden Eltern weiterhin viel Kontakt und kann von den unterschiedlichen Persönlichkeiten beider Eltern weiterhin in gleichem Maße profitieren.

Beim Nestmodell wird das Kind in einer Wohnung im Wechsel von beiden Eltern betreut.

▶ Das Kind hat nicht das Gefühl, sich für einen Elternteil entscheiden zu müssen.

▶ Beide Eltern können viel Zeit mit ihrem Kind verbringen.

Nachteile

▶ Nur das Kind ist in der Wohnung ständig zu Hause, die Eltern kommen quasi zu Besuch. Das birgt die Gefahr, dass Eltern ihre Verantwortung gegenüber dem Kind nicht richtig wahrnehmen.

▶ Eltern müssen sich ständig umfassend austauschen und informieren.

▶ Das Nestmodell bringt einen hohen finanziellen Aufwand mit sich, da jeder Elternteil außer der Wohnung, in der das Kind lebt, noch eine Zweitwohnung benötigt.

▶ Die Eltern erleben im Hinblick auf ihre Wohnumgebung wenig Kontinuität und müssen ihre persönlichen Dinge beständig hin und her transportieren.

▶ Den Eltern kann es schwer fallen, sich emotional von ihrem Expartner zu lösen, wenn sie immer wieder dort leben, wo auch ihr Expartner lebt und seine Spuren hinterlässt.

Für Kinder ist es wichtig, dass sie auch nach der Trennung von *beiden* Eltern gut und verlässlich betreut werden, dass sie von *beiden* Eltern ausreichend Liebe, Aufmerksamkeit und Förderung erfahren und sich sicher sein können, dass *beide* Eltern ihre Bedürfnisse feinfühlig wahrnehmen und adäquat darauf reagieren (Walper / Gerhard 2003). Diese Anforderungen gelten unabhängig davon, ob Eltern im Alltag mit ihrem Kind zusammenleben oder ob Eltern ihr Kind besuchsweise bei sich haben (→ Kap. 6, „Erziehung – beide Elternteile erziehen").

Geschwistertrennung: Ja oder nein?

Die meisten Eltern haben den Wunsch, dass ihre Kinder nach einer Trennung weiterhin zusammenleben, auch wenn sie bisher die Erfahrung gemacht haben, dass ihre Kinder oft streiten. Ob Geschwister eine gute oder eher schwierige Beziehung haben, hängt von vielen Faktoren ab, so z. B. von ihrem Geschlecht, dem Altersabstand und ihrer Beziehung zu den Eltern (Kasten 2003). Viele Geschwister streiten sich gerade dann sehr häufig und konkurrieren täglich um die elterliche Zuwendung und Anerkennung, wenn ihr Altersabstand nur gering ist. Trotz häufiger Konflikte können sie in anderen Momenten wichtige Spielpartner füreinander sein und sich vermissen, wenn der andere nicht zu Hause ist. Wenn sich ihre Eltern trennen, können Geschwister noch eine zusätzliche Bedeutung füreinander erhalten: Sie können sich gegenseitig unterstützen, indem sie sich Halt geben und füreinander da sind (Karle 2008).

> **Geschwister können sich in der Trennungszeit Halt geben.**

In Einzelfällen kann es gute Gründe dafür geben, Geschwister zu trennen. Wenn beide Eltern nicht dazu in der Lage sind, alle Kinder zu betreuen und zu versorgen, z. B. weil ihre Arbeitszeiten das nicht zulassen oder weil sie sich mit der Erziehung aller Kinder überfordert fühlen, ist es besser, die Kinder „aufzuteilen", als einen Elternteil mit der Zuständigkeit für alle Kinder zu überfordern. Eine Trennung der Geschwister kann auch dann für alle Beteiligten die richtige Lösung sein, wenn sich die Kinder in ihren Beziehungen zu den Eltern sehr stark unterscheiden und nach einer Trennung nicht beim selben Elternteil leben wollen, oder wenn die Beziehung der Kinder so konflikthaft ist, dass sie sich in ihrer Entwicklung gegenseitig hemmen.

Wenn Eltern über eine mögliche Trennung der Geschwister nachdenken, sollten sie sich nicht vom Gedanken an Fairness und Gerechtigkeit leiten lassen. Der Haushalt kann im Zuge der Trennung gerecht aufgeteilt werden und auch das Vermögen. In Bezug auf die zukünftige Lebenssituation der Kinder sollte jedoch im Vordergrund stehen, was den Bedürfnissen der Kinder am meisten entspricht. Eltern müssen sich auch darüber im

Die Bedürfnisse der Kinder sollten im Vordergrund stehen.

Klaren sein, dass sich ihre Kinder nach einer Geschwistertrennung sehr unterschiedlich weiterentwickeln werden, weil beide Eltern ihr Leben nach einer Trennung u.U. sehr unterschiedlich gestalten und ihren Kindern andere Werte und Lebensziele vermitteln werden.

Betreuung des Kindes außerhalb der Familie

Falls Eltern durch eine Trennung früher als geplant oder umfangreicher als bisher einer Berufstätigkeit nachgehen müssen, stellt sich die Frage nach einer geeigneten Kinderbetreuung. Es ist für Eltern oft nicht leicht, überhaupt einen Platz für ihr Kind zu finden. Dennoch sollten sie bei der Wahl sehr sorgfältig und auch kritisch sein. Ihr Kind muss gerade jetzt sehr viel verkraften und verarbeiten. Es sollte nicht noch weiter belastet werden, weil seine Betreuungssituation Mängel aufweist.

 Im Internet finden Eltern Informationen darüber, welche Anforderungen eine Tagesmutter / ein Tagesvater oder eine Kindertagesstätte erfüllen sollte:
- *„Anforderungsliste Tagesmutter"* (www.handbuch-kindertagespflege.de/2_wissenswertes_fuer_eltern/28_checklisten/dok/46.php)
- *„Checkliste Kinder unter drei in Kitas"* (www.bertelsmann-stiftung.de/bst/de/media/xcms_bst_dms_16179__2.pdf)
- *„Checkliste Kita-Platz"* (www.bertelsmann-stiftung.de/bst/de/media/xcms_bst_dms_17403__2.pdf)

Das Kind über die Trennung informieren

Für Eltern ist es ein schwerer Schritt, ihre Kinder über die bevorstehende Trennung zu informieren. Viele Eltern stellen die Frage
in den Vordergrund, ob sie ihr Kind gemeinsam informieren
oder ob jeder Elternteil allein mit dem Kind spricht. Für Kinder
ist entscheidend, dass ihnen von ihren Eltern eine Botschaft klar
vermittelt wird: „Mama und Papa möchten nicht mehr zusammen leben. Deswegen wird Papa bzw. Mama ausziehen. Wir lieben dich immer noch genauso wie vorher und werden auch in
Zukunft beide für dich da sein."

Tipp

→ *Teilen Sie Ihrem Kind mit einfachen und klaren Worten mit: Wir trennen*
uns, bleiben aber trotzdem beide deine Eltern.

Die Paarbeziehung endet, aber die Eltern-Kind-Beziehung bleibt bestehen.

Eltern müssen es schaffen, zwischen ihrer Beziehung als Paar und der Beziehung, die beide Eltern zum Kind haben, zu unterscheiden. Die Paarbeziehung geht zu Ende, die Eltern-Kind-Beziehung wird jedoch weiterbestehen. Eltern, die ihrem Kind sagen: „Papa / Mama liebt *uns* nicht mehr und verlässt *uns*", vermischen diese beiden Ebenen. Sie laden ihr Kind ein, sich bei der Trennung der Eltern auf die Seite eines Elternteils zu schlagen und lösen bei ihrem Kind die Angst aus, einen Elternteil ganz zu verlieren.

Eltern sollten einfache Worte wählen, die ihr Kind verstehen kann. Für ein junges Kind reicht es vielleicht schon aus, wenn die Eltern ihm erklären, dass der Papa / die Mama ab jetzt in einer anderen Wohnung schläft, aber immer zu Besuch kommen wird. Eltern sollten mit ihrem Kind nicht darüber reden, warum sie sich trennen. Das geht nur die Eltern etwas an. Es schadet Kindern nicht, wenn Eltern in einer solchen Situation weinen. Manchmal weint das Kind zuerst und Eltern werden dann so von ihren Gefühlen überwältigt, dass sie nicht anders können als mitzuweinen. Trotzdem können Eltern ihr Kind dann in den Arm nehmen und trösten und ihrem Kind damit zeigen: Ich bin immer noch für dich da.

Eltern müssen ihrem Kind Zeit geben, zu verstehen, was das Gesagte bedeutet. Manche Kinder wirken so, als hätten sie das, was ihre Eltern ihnen offenbart haben, einfach überhört oder kurz darauf schon vergessen. Dann müssen Eltern ihrem Kind bei einer passenden Gelegenheit die Situation noch einmal erklären. Das gemeinsame Lesen eines Kinderbuchs zum Thema Trennung kann dabei helfen (→ Literatur zum Weiterlesen, Kinderliteratur zum Thema Trennung und Scheidung).

Wege der Entscheidungsfindung

Wenn Eltern vor der Aufgabe stehen, für sich und ihre Kinder gute Lösungen für die Zeit nach der Trennung zu vereinbaren, können sie sich zu zweit zusammensetzen, um die anstehenden Fragen zu besprechen, oder sie können die Hilfe von Beratern bzw. Mediatoren in Anspruch nehmen.

Was die Kommunikation erschwert

Eltern, die im Begriff sind, sich zu trennen, haben mit ihrem Partner im Verlauf ihrer Beziehung in der Regel schon viele Konflikte ausgetragen. Dabei haben sie nach und nach ihren eigenen Stil der Konfliktbewältigung entwickelt. Manchen Paaren ist es gelungen, im Konfliktfall lösungsorientiert vorzugehen und Kompromisse auszuhandeln, mit denen beide leben konnten. In anderen Beziehungen hat sich im Streitfall einer durchgesetzt, wobei es von Fall zu Fall verschieden sein konnte, wer das Sagen hatte. Der individuelle Konfliktbewältigungsstil, den ein Paar über Jahre praktiziert hat, spielt in der Trennungssituation eine große Rolle und bestimmt, wie leicht oder schwer es den Partnern fällt, sich über die anstehenden Fragen auszutauschen. Da sich im Zeitraum der Trennung beide Partner über Wochen und vielleicht sogar Monate in einer aufgewühlten Gefühlslage befinden und dem jeweils anderen eher negative als positive Gefühle entgegenbringen, fällt es Paaren, die vor einer Trennung stehen, oft schwer, konstruktiv und auf die Sache orientiert miteinander zu reden und vernünftige Lösungen zu finden.

Negative Gefühle für den Partner erschweren die Kommunikation.

Tipp

→ *Wenn sich Eltern im Gespräch zu zweit über die anstehenden Fragen austauschen wollen, sollten sie darauf achten, dass sie dafür Rahmenbedingungen schaffen, die das Gelingen positiv beeinflussen können. Immerhin geht es darum, Lösungen zu vereinbaren, von denen es ganz erheblich abhängen wird, wie zufrieden sämtliche Familienmitglieder nach einer Trennung leben können. Beachten Sie die sieben Schritte zu einer guten Kommunikation!*

Die sieben Schritte zu einer guten Kommunikation

1. Bereiten Sie die Rahmenbedingungen des Gesprächs vor. Vereinbaren Sie, wann und wo Sie das Gespräch führen wollen und wie lange das Gespräch dauern soll. Sorgen Sie dafür, dass Sie beide genügend Zeit haben und dass Ihr Kind nicht anwesend ist. Bringen Sie Ihr Kind bei Freunden oder Verwandten unter oder achten Sie darauf, dass Ihr Kind bereits schläft und durch Ihr Gespräch nicht gestört wird. Schalten Sie Störungen wie z.B. Telefon oder Handy aus. Wenn Sie in der Vergangenheit die Erfahrung gemacht haben, dass Sie bei Konfliktgesprächen leicht die Kontrolle verlieren, indem Sie oder Ihr Partner laut und ausfallend werden, dann treffen Sie sich in einem Café oder Restaurant. Dort müssen Sie sich zwangsläufig beherrschen und ruhig bleiben. Auch eine Klärung per E-Mail ist möglich. Dieser Weg ist u.U. zeitaufwändiger, kann aber Eskalationen verhindern, wenn beide Partner in ihren schriftlichen Ausführungen sachlich bleiben und den anderen nicht vor den Kopf stoßen.

2. Bereiten Sie das Gespräch inhaltlich vor. Überlegen Sie, welche Themen Sie mit Ihrem Partner besprechen wollen und machen Sie sich eine Liste. Überlegen Sie sich, welche Interessen und Bedürfnisse für Sie mit einem Thema verbunden sind. Es ist im Gespräch besser, über Interessen und Bedürfnisse zu reden, als über Standpunkte. Eher ungünstige Äußerungen sind: „Das Kind wird mich jedes Wochenende besuchen", „Das Kind lebt bei mir", „Du musst auf das Haus verzichten". Besser ist es, wenn Eltern dem anderen sagen „Ich habe den Wunsch, möglichst oft mit unserem Kind Kontakt zu haben", „Ich möchte im Alltag weiter für unser Kind zuständig sein", „Ich habe den Wunsch, dass sich im Leben unseres Kindes möglichst wenig verändert", „Es ist mir wichtig, die finanziellen Belastungen der Trennung möglichst gering zu halten". Versetzen Sie sich in die Perspektive Ihres Partners und überlegen Sie, wie es ihm geht, auch wenn Ihnen das schwer fällt. Versuchen Sie sich vorzustellen, welche Interessen und Bedürfnisse, Sorgen und Ängste Ihr Partner haben könnte. Sammeln Sie Argumente, die Ihren Partner überzeugen können. Überlegen Sie sich, welche positiven Eigenschaften Ihr Partner als Vater oder Mutter hat und machen Sie sich klar, wie wichtig Ihr Partner für das Kind ist. Versetzen Sie sich in die Perspektive Ihres Kindes. Versuchen Sie sich vorzustellen, welche Interessen und Bedürfnisse, Sorgen und Ängste Ihr Kind haben könnte. Machen Sie sich klar, dass Ihr Kind Sie beide als Eltern gern hat und Sie beide nicht verlieren will. Sagen Sie sich immer wieder, dass Sie Ihrem Kind zuliebe versuchen müssen, vernünftig mit Ihrem Partner zu sprechen.

3. Starten Sie gut in das Gespräch. Teilen Sie Ihrem Partner zu Beginn des Gesprächs mit, dass Sie den Wunsch haben, eine Lösung zu finden, mit der Sie beide und auch Ihr Kind leben können. Vermitteln Sie Ihrem Partner, dass Sie ihn als Elternteil Ihres Kindes schätzen und den Wunsch haben, dass Sie beide weiterhin für Ihr Kind da sein können. Legen Sie die Reihenfolge fest, in der Sie die einzelnen Punkte besprechen wollen. Beginnen Sie nach Möglichkeit mit dem leichtesten Thema. Wenn Sie eine Einigung erzielen können, stärkt das Ihre Fähigkeit, auch schwierigere Fragen zu klären. Entscheiden Sie, wer seine Sichtweise als Erster darlegen wird.

4. Nehmen Sie eine positive Haltung gegenüber Ihrem Partner ein (→ Kap. 6, „Die innere Haltung zum anderen Elternteil"). Gehen Sie davon aus, dass Ihr Partner das gleiche Recht hat wie Sie, seine Interessen zu vertreten und dass auch für Ihren Partner viel davon abhängt, wie Sie die Trennungsfolgen regeln. Hören Sie Ihrem Partner zu und lassen Sie Ihren Partner ausreden. Wenn Ihr Partner fertig ist, teilen Sie Ihrem Partner mit, wie Sie seine Ausführungen verstanden haben und fragen Sie nach, wenn Ihnen etwas unklar ist. Kommen Sie erst dann mit Ihren eigenen Argumenten. Wenn sich Ihr Partner von Ihnen gehört und verstanden fühlt, wird es ihm leichter fallen, auch Ihnen zuzuhören und Sie zu verstehen. Sprechen Sie davon, wie es Ihnen geht, was Ihre Bedürfnisse sind und vermeiden Sie Schuldzuweisungen. Ein bloßer Schlagabtausch, bei dem jeder nur sagt, was ihm wichtig ist, ohne wirklich zu hören und zu verstehen, was der andere will, wird Sie einer Lösung nicht näher bringen. Machen Sie sich immer wieder klar, dass nur eine Lösung, mit der Sie beide leben können, eine gute Lösung sein wird.

5. Konzentrieren Sie sich auf die Gegenwart und die Zukunft. In der Vergangenheit ist möglicherweise vieles schief gelaufen, was Sie gedanklich und emotional immer noch beschäftigt. Versuchen Sie trotzdem, Ihren Blick von all den Verletzungen und Misserfolgen der Vergangenheit zu lösen und sich auf das zu konzentrieren, was jetzt ansteht und was für die Zukunft geregelt werden muss. Nur das können Sie beeinflussen. Akzeptieren Sie Ihr Gegenüber als gleichwertigen Gesprächspartner. Unterbrechen Sie das Gespräch für fünf bis zehn Minuten, wenn Sie sich gegenseitig nur noch Vorwürfe machen und über die Fehler der Vergangenheit reden oder wenn Sie merken, dass Sie auf den anderen wütend sind. Nehmen Sie sich eine kurze Auszeit, um wieder einen klaren Kopf zu bekommen und sich auf das Wesentliche zu besinnen.

6. Rücken Sie immer wieder die Interessen Ihres Kindes in den Mittelpunkt. Vergegenwärtigen Sie sich immer wieder, dass Sie beide gemeinsam Eltern Ihres Kindes sind und gemeinsam die Verantwortung für Ihr Kind tragen. Unterhalten Sie sich mit Ihrem Partner darüber, welche Interessen und Bedürfnisse, Sorgen und Ängste Ihr Kind hat, was Ihr Kind in dieser Situation von Ihnen braucht und welche Lösung für Ihr Kind am besten wäre.

Seien Sie bereit, die eigenen Bedürfnisse im Interesse Ihres Kindes zurückzustecken, selbst wenn Ihr Partner dadurch einen Vorteil haben wird.

7. Vereinbaren Sie konkrete Lösungen. Halten Sie Lösungen, auf die Sie sich einigen können, möglichst schriftlich fest. Wenn Sie bei einem Thema nicht weiterkommen, vereinbaren Sie einen nächsten Gesprächstermin. Geben Sie die Hoffnung auf eine gemeinsame Lösung nicht auf. Wichtige Entscheidungen brauchen Zeit. Überlegen Sie sich, wie das Gespräch beim nächsten Mal besser laufen kann.

Die vier Seiten einer Äußerung

Kommunikation zwischen Menschen ist etwas sehr Kompliziertes. Menschen können Äußerungen einer anderen Person ganz unterschiedlich auffassen, je nachdem, wer etwas sagt. Eine Äußerung kann vom „Empfänger" als sachliche Information, als Aufforderung, etwas zu tun, als Mitteilung über das Befinden des „Senders" oder als Mitteilung über die Beziehung zwischen „Sender" und „Empfänger" verstanden werden. Über die Äußerung „Katja hat ein Loch im Backenzahn" kann sich die Mutter spontan aufregen, wenn der getrennt lebende Vater das nach einem Besuchswochenende sagt, weil sie sich sofort sicher ist, dass die Äußerung des Vaters als Vorwurf gemeint ist, sie kümmere sich nicht genügend um die Gesundheit ihrer Tochter und gebe Katja zu viele Süßigkeiten. Die Mutter kann aber ganz gelassen bleiben und sich für diese Information bedanken, wenn die Erzieherin Derartiges zu ihr sagt, weil sie nur die Sachinformation aufnimmt und sich dann überlegt, dass sie demnächst zum Zahnarzt gehen muss. Wenn Katja selbst so etwas zur Mutter sagt, ist die Mutter wahrscheinlich sofort besorgt, weil sie sich fragt, ob ihre Tochter Zahnschmerzen hat. Personen, deren Beziehung von Konflikten geprägt ist, hören aus einer Äußerung des anderen schnell einen Vorwurf heraus und reagieren dann nicht mehr sachlich sondern verärgert. Wenn die Äußerung des anderen großen Ärger auslöst, kann es hilfreich sein, sich folgende Fragen zu stellen: Wie könnte der andere seine Äußerung noch gemeint haben? War die Äußerung des anderen lediglich als bloße Sachinformation gemeint oder als Mitteilung über sein eigenes Befinden? (Nach Schulz von Thun 1998)

Beratungsangebote

Wenn Eltern die Erfahrung machen, dass Gespräche zu zweit mehr zerstören als lösen können, sollten sie sich frühzeitig professionelle Unterstützung in Form einer Mediation oder Trennungsberatung suchen. Ein Gespräch, das in gegenseitigen Beschimpfungen und Verletzungen endet, führt noch nicht dazu, dass eine Trennung zum Rosenkrieg wird. Wenn Eltern aber überwiegend auf verletzende Weise miteinander kommunizieren, dann erwachsen aus unterschiedlichen Sichtweisen bald Feindseligkeiten und das Bedürfnis, dem anderen zu schaden.

Eltern können eine Beratung allein aufsuchen oder zu zweit. Auch Kinder können in eine Beratung mit einbezogen werden. Berater stehen als neutrale Dritte außerhalb des elterlichen Konflikts. Sie strukturieren das Gespräch und fördern einen sachlichen Austausch. Dadurch können sie Eltern dabei helfen, die Interessen und Bedürfnisse ihrer Kinder zu erkennen und sich bei der Lösungssuche daran zu orientieren. Einen Verwandten oder guten Freund als dritte Person zu einem Gespräch hinzuzuziehen, kann im Einzelfall hilfreich sein. In der Regel fehlt es diesen Personen jedoch an der erforderlichen Neutralität.

Eine Beratung kann helfen, konstruktive Gespräche zu führen.

Trennungsberatungen gibt es beim Jugendamt, bei den Erziehungsberatungsstellen des Landratsamts sowie bei örtlichen Erziehungsberatungsstellen. Auch niedergelassene Berater / Therapeuten machen hierzu Angebote. Eine Sonderform der Trennungsberatung ist die Mediation (→ Kap. 3, „Mediation"). Manche Beratungsstellen oder niedergelassene Berater / Therapeuten bieten auch Gruppen für Trennungseltern oder für deren Kinder an. Durch einen Blick ins Branchenbuch oder im Internet unter www.gelbeseiten.de können Eltern unter dem Stichwort „Erziehungsberatung", „Eheberatung", „Trennungsberatung", „Mediation" einen Überblick über die Beratungsangeboten an ihrem Wohnort erhalten. Auch können sie sich vom Jugendamt eine Liste der örtlichen Beratungsmöglichkeiten zuschicken lassen.

Mediation

Was ist Mediation?

Der Begriff Mediation stammt aus dem Englischen und bedeutet wörtlich übersetzt „Vermittlung". Mediation ist ein bewährtes außergerichtliches Konfliktlösungsverfahren. In der Mediation setzen sich Eltern mit einem Mediator zusammen und benennen die Punkte, die aus ihrer Sicht klärungsbedürftig sind. Der Mediator unterstützt beide Eltern dabei, ihre persönlichen Anliegen vorzutragen. Er gewährleistet einen Gesprächsrahmen, in dem jeder Zeit und Gelegenheit findet, seine Wünsche, Vorstellungen und Bedenken vorzutragen. Er achtet darauf, dass bestimmte Gesprächsregeln eingehalten werden und sorgt für einen wertschätzenden Umgang. Da die Interessen und Bedürfnisse beider Eltern einbezogen werden, gelingt es ihnen, unterschiedliche Ansichten und Lösungsansätze zu verhandeln. Merkt ein Elternteil, dass der andere bereit ist, ihm entgegen zu kommen, fördert das die Bereitschaft, sich ebenfalls auf den anderen zu zu bewegen. Aufgabe des Mediators ist es, den Prozess der Lösungssuche zu begleiten. Er hat keine Befugnis, Entscheidungen zu treffen. Er steht in einem späteren Gerichtsverfahren nicht als Zeuge zur Verfügung und gewährt damit einen vertraulichen Rahmen.

Bei einer Mediation werden die Bedürfnisse beider Eltern berücksichtigt.

Wie läuft eine Mediation ab?

Entscheidet sich ein Elternpaar dazu, eine Mediation durchzuführen, wird in einer ersten Sitzung geklärt, ob beide bereit sind, die anstehenden Angelegenheiten miteinander zu regeln und ob beide auch fähig sind, miteinander zu verhandeln. Der Verhandlungsprozess kann erschwert werden oder zum Erliegen

Eine Mediation läuft in mehreren Schritten ab.

kommen, wenn ein Elternteil nicht bereit ist, von seinen Maximalforderungen abzurücken oder wenn ein starkes Machtungleichgewicht zwischen den Eltern herrscht. Gerade in der Anfangsphase einer Trennung, wenn die Verletzungen noch sehr schmerzhaft sind, ist es für viele Eltern belastend, mit dem anderen wieder in den Dialog zu treten.

Im nächsten Schritt werden die zu klärenden Punkte gesammelt. Wenn die einzelnen Themen verhandelt werden, können beide Eltern mitteilen, welche Bedürfnisse, Wünsche oder Befürchtungen für sie mit den einzelnen Punkten zusammenhängen. Dabei stellt sich oft heraus, dass es neben allen Differenzen auch viele Gemeinsamkeiten gibt, etwa den Wunsch, dass es den Kindern gut gehen soll und dass sie ihren Lebensmittelpunkt behalten sollen. Eltern hilft es, wenn sie auf diese Gemeinsamkeiten hingewiesen werden, da es für sie oft schwer vorstellbar ist, dass es mit dem früheren Partner überhaupt noch Gemeinsamkeiten geben kann.

Sind die Bedürfnisse, Wünsche und Befürchtungen herausgearbeitet, werden zu den einzelnen Punkten unterschiedliche Lösungsoptionen entwickelt. Es erfolgt eine Bewertung der verschiedenen Optionen und schließlich eine Verhandlung über die einzelnen Punkte. Eine abschließende bindende Vereinbarung wird erst dann getroffen, wenn die Eltern in sämtlichen Punkten ein Einvernehmen erzielt haben.

Worauf muss ich achten?

Mediation ist keine Rechtsberatung und sie ersetzt rechtlichen Rat auch nicht. Vor Abschluss einer bindenden Vereinbarung wird den Eltern daher nahegelegt, sich über die Tragweite der vereinbarten Punkte auch juristisch beraten zu lassen.

Mediation ersetzt keine Rechtsberatung.

Welche Kosten entstehen für Mediation?

Mediation wird in der Regel auf Stundenbasis abgerechnet, wobei die Stundensätze mit dem jeweiligen Mediator zu vereinbaren sind. Die Kosten bewegen sich zwischen 100 € und 250 € pro Zeitstunde.

Welche Vorteile hat Mediation?

Auch wenn es Eltern häufig nicht leicht fällt, sich in der Mediation auf eine persönliche Auseinandersetzung mit dem früheren Partner einzulassen, profitieren sie letztlich doch davon. Schließen Eltern Vereinbarungen im Rahmen einer Mediation, fühlen sich beide Eltern den Lösungen verpflichtet und haben die Bereitschaft, einzuhalten, was vereinbart wurde. Wenn es Eltern bei allen Differenzen und Verletzungen gelingt, die eigenen Angelegenheiten auch im Interesse der gemeinsamen Kinder eigenverantwortlich zu regeln, schafft das auch eine gute Grundlage für den weiteren Lebensweg. Gerade wenn es um Kinder geht, sollten Eltern, die sich allein nicht einigen können, bereit sein, sich auf einen Mediationsprozess einzulassen, bevor sie sich an das Gericht wenden.

Eine Mediation kann die Verhärtung der Fronten verhindern.

Im gerichtlichen Verfahren geben Eltern die Verantwortung für ihre Kinder teilweise ab. Nicht sie, sondern Dritte, wie der Richter, das Jugendamt und ein Verfahrensbeistand entscheiden, was das Beste für die Familie und die Kinder ist. Dabei entsteht nur wenig Raum für die Berücksichtigung der Interessen des Einzelnen. Gerichtliche Auseinandersetzungen führen häufig zu einer massiven Verhärtung der Fronten, die ein weiteres Miteinander und weitere Absprachen überhaupt nicht mehr möglich machen. Dies kann durch eine Mediation verhindert werden.

Was kann ich in der Mediation regeln?

In der Mediation können sowohl die finanziellen Fragen als auch Sorge- und Umgangsrechtsfragen geklärt werden. Die Mediation schließt in der Regel mit einer Vereinbarung ab, die gegebenenfalls auch notariell festgehalten oder gerichtlich protokolliert werden kann. Sie hat in diesem Fall die gleiche Bindungswirkung wie ein entsprechender Vertrag. Inzwischen ist Mediation auch gesetzlich verankert. In Sorge- und Umgangsrechtsangelegenheiten sieht das Gesetz vor, dass Richter die Eltern auf Beratungsmöglichkeiten und auch auf Mediation hinweisen. Erst wenn Eltern dieses Angebot in Anspruch genommen haben und nicht zu einer Regelung gelangen können, wird das Gericht eine Entscheidung treffen.

Wo finde ich Mediatoren?

Eine gute Übersicht über regionale Mediationsangebote bietet die Homepage der Bundesarbeitsgemeinschaft für Familienmediation (BAFM) (www.bafm-mediation.de). Daneben haben auch viele regionale Jugendämter und etliche Familiengerichte ein Verzeichnis über die am Ort tätigen Mediatoren.

Wenn Eltern sich nicht einigen können

Gelingt es den Eltern nicht, sich zu einigen, bleibt häufig nur der Weg zum Gericht. Zuständig für solche Auseinandersetzungen ist das Familiengericht, zu dessen Bezirk die Eltern gehören. Wie ein solches Verfahren abläuft, ist in den nachfolgenden Kapiteln zu den entsprechenden Rechtsgebieten dargestellt.

Rechtliche Rahmenbedingungen vor der Trennung

Vor einer Trennung müssen viele rechtliche Fragen geklärt werden. Unter anderem kann es darum gehen, bei welchem Elternteil die Kinder leben, wie der Umgang geregelt ist und wie viel Unterhalt gezahlt werden muss. Auch die Aufteilung des gemeinsamen Hausrats und des Vermögens können Themen sein.

4

Welche Rolle spielt der Trauschein?

Bis vor einigen Jahren hatten Eltern, die nicht miteinander verheiratet waren, kaum Rechte und Pflichten. Die elterliche Sorge war allein bei der Mutter, der Vater hatte ein Umgangsrecht aber keine Möglichkeit, die gemeinsame elterliche Sorge zu bekommen. Die Mutter erhielt vom Vater nach einer Trennung nur bis zum vollendeten dritten Lebensjahr des Kindes Unterhalt. Nicht verheiratete Väter hatten keine Möglichkeit, dem Kind ihren Familiennamen zu geben. Zwischenzeitlich leben in unserer Gesellschaft immer mehr Paare, auch mit Kindern, unverheiratet als Familie zusammen. Im Jahr 2007 gab es rund 2,4 Millionen nichteheliche Lebensgemeinschaften in Deutschland. Seit 1996 ist ihre Anzahl um rund ein Drittel (+ 34 %) gestiegen. Damals lebten 1,8 Millionen Paare ohne Trauschein gemeinsam in einem Haushalt (Statistisches Bundesamt Wiesbaden: www.destatis.de / Startseite > Bevölkerung > Haushalte und Familien). Dieser

Die Rechte verheirateter und nicht verheirateter Eltern werden immer weiter angeglichen.

Veränderung haben die Rechtsprechung und der Gesetzgeber in den vergangenen Jahren zusehends Rechnung getragen, indem in immer weiteren Bereichen die Rechte nicht verheirateter Eltern denen verheirateter Eltern angeglichen wurden. Eine vollständige Gleichstellung ist bis heute nicht erfolgt, da das Grundgesetz jedenfalls derzeit noch der Institution der Ehe einen besonderen Schutz gewährt. Allerdings ist auch der Schutz der Familie grundgesetzlich verankert. Eltern mit gemeinsamen Kindern sind infolge der Rechtsprechung des Bundesverfassungsgerichts daher verheirateten Eltern in ihren Rechten und Pflichten weitestgehend gleichgestellt. In der nachfolgenden Tabelle werden Unterschiede und Entsprechungen zwischen verheirateten Eltern und Eltern ohne Trauschein dargestellt.

Rechtliche Situation von verheirateten und unverheirateten Paaren

Verheiratete Eltern	Eltern ohne Trauschein
Elterliche Sorge	
Gemeinsame elterliche Sorge kraft Gesetzes, § 1626 BGB	Gemeinsame elterliche Sorge nur nach Abgabe entsprechender Sorgeerklärung, § 1626 a BGB, Vorschrift wurde für verfassungswidrig erklärt, eine Neuregelung steht an
Umgang	
Identische Rechte für alle Eltern sowie Großeltern, Geschwister und andere enge Bezugspersonen, §§ 1684, 1685 BGB	
Unterhalt	
Uneingeschränkter Unterhaltsanspruch gemäß §§ 1570, 1615 l BGB nur während der ersten drei Lebensjahre des Kindes (Basisunterhalt). Verlängerung des Unterhaltsanspruchs aus kind- oder elternbezogenen Gründen möglich	
Jedenfalls im Trennungsjahr Unterhalt nach den ehelichen Lebensverhältnissen, § 1361 BGB, i. d. R. keine Verpflichtung unmittelbar eine Arbeit aufzunehmen	Kein Unterhaltsanspruch nur aufgrund der Trennungssituation; Unterhaltshöhe begrenzt auf das Einkommen, was vor der Kinderbetreuung erzielt wurde
Neben Unterhaltsanspruch wegen Kinderbetreuung nach der Scheidung u. U. auch Unterhaltsanspruch wegen Krankheit, Alter, Arbeitslosigkeit	Nur Unterhalt wegen Kinderbetreuung, § 1615 l BGB
Vermögensauseinandersetzung	
Nach entsprechenden gesetzlichen Regelungen, es sei denn, es wurde eine Gütertrennung vereinbart	Nur dann, wenn gemeinsames Vermögen erwirtschaftet wurde; keine besonderen gesetzlichen Regelungen
Wohnung und Hausrat	
Möglichkeit der Wohnungszuweisung nach Trennung bzw. Scheidung an einen Ehepartner §§ 1361 b, 1568 a BGB. Gemeinsamer Hausrat wird nach gesetzlicher Regelung verteilt, §§ 1361 a, 1568 b BGB. Gerichtliche Durchsetzung beider Ansprüche möglich	Kein Anspruch auf Wohnungszuweisung; bei gemeinsamem Mietvertrag müssen sich die Eltern einigen, wer in der Wohnung bleibt oder ob beide kündigen; im Übrigen keine Rechte; Gemeinsam angeschaffte Gegenstände werden verteilt; im Übrigen kein weiterer Anspruch

Verheiratete Eltern	Eltern ohne Trauschein
Rentenausgleich	
Durchführung des Versorgungsausgleichs	Keine Ansprüche
Namensführung	
Wahl eines gemeinsamen Familienna-mens, der auch für alle Kinder verbindlich ist; §§ 1616, 1617, 1617 c BGB	Kein gemeinsamer Familienname, gemäß §§ 1617, 1617 a BGB; mit Zustimmung der Mutter kann das Kind den Namen des Vaters führen
Erbrecht	
Gesetzliches Erbrecht gem. § 1931 BGB bzw. testamentarische Erbfolge	Erbe nur, wenn es ein entsprechendes Testa-ment gibt; zu beachten sind unterschiedli-che Freibeträge: Ehegatte: € 500.000, nichtehelicher Lebenspartner: € 20.000
Krankenversicherung	
Mitversicherung des nichterwerbstätigen Ehegatten in der Familienversicherung während der Zeit der Ehe	Keine Regelung
Steuerliche Regelungen	
Gemeinsame steuerliche Veranlagung gemäß §§ 25 ff. EStG; Nach dauerhafter Trennung Möglichkeit der Durchführung des begrenzten Realsplittings	Keine Regelung

Die zahlreichen Fragen, die sich Eltern im Zusammenhang mit der Trennung stellen, werden in den Kapiteln 4, 7 und 10 aus ju-ristischer Sicht behandelt. Dabei soll dieser Ratgeber einen ers-ten Eindruck davon vermitteln, welche rechtlichen Folgen eine Trennung nach sich zieht und worauf die Eltern achten müssen.

Die elterliche Sorge

Zu den vordringlichsten Fragen, die im Rahmen der Trennung gelöst werden müssen, gehören der künftige Lebensmittel-punkt und die künftige Fürsorge für die Kinder.

Wichtigste Fragen zur elterlichen Sorge

▶ Bei welchem Elternteil werden die Kinder nach der Trennung leben?

▶ Darf ein Elternteil mit den Kindern einfach ausziehen, vielleicht sogar in eine andere Stadt?

▶ Wie kann ich sicherstellen, dass ich an Entscheidungen beteiligt werde, die für die Kinder anstehen, etwa der Wahl der künftigen Schule?

▶ Wie bekomme ich Informationen darüber, was die Kinder machen, wie sie sich schulisch entwickeln, welche Hobbys sie haben?

Alle diese Anliegen werden im Gesetz unter dem Oberbegriff „Elterliche Sorge" geregelt.

Was versteht man unter elterlicher Sorge?

Die elterliche Sorge umfasst die gesamte Fürsorge für das Kind, einschließlich der Entscheidung, wo das Kind lebt (Aufenthaltsbestimmungsrecht). Entscheidungen, die für das Kind von wesentlicher Bedeutung sind, kann nur derjenige treffen, der die elterliche Sorge hat. Haben beide Eltern die gemeinsame elterliche Sorge, müssen sie diese Entscheidungen gemeinsam treffen.

Die elterliche Sorge betrifft folgende Bereiche:

▶ Bestimmung des Lebensmittelpunktes / Wohnortes des Kindes

▶ Auswahl von Kindergarten, Schule, Ausbildungsvertrag für eine Lehrstelle

▶ Planbare medizinische Eingriffe und Langzeitbehandlungen

▶ Beantragung eines Passes / Ausweisdokuments

▶ Religionserziehung

Das Gegenstück zu den Entscheidungen von wesentlicher Bedeutung bilden die Alltagsgeschäfte. Hierzu gehören das äußere Erscheinungsbild des Kindes (welche Kleidung trägt es, wie sieht der Haarschnitt aus), die Ausgestaltung des Schulalltags (wie kommt das Kind zur Schule, wie und wann werden Hausaufgaben gemacht), die Freizeitgestaltung, gewöhnliche medizinische Versorgung und Arztbesuche oder ein Umzug im näheren Umkreis. In diesen Angelegenheiten kann der Elternteil, bei dem die Kinder leben, allein entscheiden, ohne dass der andere zustimmen muss. Er ist allerdings verpflichtet, den anderen Elternteil über solche Angelegenheiten zu informieren. Hält sich das Kind im Rahmen der Besuchsregelung beim anderen Elternteil auf, entscheidet dieser allein darüber, wie er die gemeinsame Zeit mit dem Kind gestaltet. Dazu gehört auch zu entscheiden, wann das Kind aufsteht bzw. zu Bett geht, welche Unternehmungen und welcher Medienkonsum stattfinden. *Eilentscheidungen* – also solche, die keinen Aufschub dulden – trifft ebenfalls der Elternteil, bei dem sich das Kind gerade aufhält. Das kann etwa von Bedeutung sein, wenn ein Kind einen Unfall erlitten hat und unverzüglich Maßnahmen ergriffen werden müssen. Selbstverständlich ist derjenige Elternteil, der eine Eilentscheidung für das Kind getroffen hat, verpflichtet, den anderen umgehend hierüber zu informieren.

Wer hat die elterliche Sorge?

Wie diese Frage beantwortet wird, hängt zunächst davon ab, ob die Eltern des Kindes miteinander verheiratet sind oder nicht. Sind die Eltern miteinander verheiratet, steht ihnen die elterliche Sorge ab der Geburt des Kindes gemeinsam zu. Eine besondere Erklärung müssen die Eltern hierfür nicht abgeben. Anders ist dies bei nicht

Verheiratete Eltern haben immer die gemeinsame elterliche Sorge.

verheirateten Paaren. Nicht verheiratete Eltern haben die Möglichkeit für ihr Kind beim Jugendamt eine gemeinsame Sorgeerklärung abzugeben. Diese Möglichkeit besteht bereits vor der Geburt des Kindes. Durch diese Sorgeerklärung sind beide Eltern sorgeberechtigt für ihr Kind. Wenn die Eltern keine gemeinsame Sorgeerklärung abgegeben haben, ist die Mutter nach der gesetzlichen Regelung alleinige Sorgerechtsinhaberin. Sie trifft dann alle Entscheidungen für das Kind allein, ohne dass der Vater ein Mitspracherecht hat. Auch dann, wenn die Eltern des Kindes jahrelang zusammengelebt haben, jedoch keine gemeinsame Sorgeerklärung abgegeben haben, steht der Mutter die elterliche Sorge für das Kind allein zu. Bisher hatte ein unverheirateter Vater gegen den Willen der Mutter keine Möglichkeit, ebenfalls die elterliche Sorge zu bekommen. Das wird sich allerdings ändern, da das Bundesverfassungsgericht die entsprechende gesetzliche Regelung für verfassungswidrig erklärt hat (BVerfG, Beschluss vom 21.07.2010 – 1 BvR 420 / 09). Eine gesetzliche Neuregelung steht noch aus. Zukünftig wird es wohl so sein, dass auch ein unverheirateter Vater die gemeinsame elterliche Sorge für ein Kind jedenfalls dann verlangen kann, wenn er die Vaterschaft anerkannt hat und Verantwortung für das Kind übernimmt.

Wer entscheidet für die Kinder?

Wenn Eltern gemeinsam sorgeberechtigt sind, müssen sie die wesentlichen Entscheidungen (→ S.48) für ihr Kind auch gemeinsam treffen. Das bedeutet, dass sie sich auch einigen müssen, wo die Kinder künftig leben und in welche Schule sie gehen. Ein Elternteil kann nicht ohne Weiteres gegen den Willen des anderen mit den Kindern aus der gemeinsamen Wohnung ausziehen oder sie in einem anderen

Beim gemeinsamen Sorgerecht müssen wesentliche Entscheidungen gemeinsam getroffen werden.

Kindergarten oder einer anderen Schule anmelden. Er braucht dafür die Zustimmung des anderen Elternteils.

Was passiert, wenn die Eltern sich nicht einigen können?

Können sich die Eltern im Rahmen ihrer Trennung nicht darüber einigen, wo das Kind künftig leben soll, sollten sie sich zunächst an eine Beratungsstelle wenden oder eine Mediation durchführen (→ Kap.3, „Beratungsangebote"; „Mediation"). Finden sie auch dabei keine Lösung, bleibt nur der Weg zum Familiengericht. Dort kann der Antrag gestellt werden, das Aufenthaltsbestimmungsrecht für das Kind auf einen Elternteil zu übertragen. Der Antrag leitet ein Gerichtsverfahren ein. An einem solchen Gerichtsverfahren ist neben den Eltern und dem Kind immer das Jugendamt beteiligt. Das Jugendamt führt mit den Eltern und dem Kind Gespräche und versucht zu ermitteln, welche Regelung für das Kind am besten ist. Auch das Familiengericht wird das Kind anhören. Manchmal wird auch ein Verfahrensbeistand eingesetzt. Der Verfahrensbeistand hat die Aufgabe, die Interessen des Kindes zu ermitteln. Er ist sozusagen der „Anwalt des Kindes". In einem Anhörungstermin versucht das Gericht dann mit allen Beteiligten nochmals, eine einvernehmliche Lösung herbeizuführen. Gelingt das nicht, entscheidet das Gericht. Diese Entscheidung orientiert sich nicht daran, was die Eltern wollen, sondern daran, was dem Wohl des Kindes am besten entspricht.

> **Können sich Eltern nicht einigen, entscheidet das Gericht.**

Plant ein Elternteil einen Umzug in eine andere Stadt, wird darüber hinaus zu berücksichtigen sein, ob es berechtigte Interessen für diesen Umzug gibt (etwa bessere Betreuungsmöglichkeiten oder berufliche Perspektiven, insbesondere, wenn kein Unterhalt gezahlt wird). In diesem Fall wird auch sehr genau zu prüfen sein, inwieweit der Kontakt des Kindes zum zurückbleibenden Elternteil sichergestellt werden kann.

Als Entscheidungskriterien für das Aufenthaltsbestimmungsrecht werden herangezogen:

▶ die bisherige Betreuungssituation in der Familie

▶ die tatsächlichen Betreuungsmöglichkeiten, auch unter Berücksichtigung von Arbeitszeiten und Fremdbetreuungsmöglichkeiten

▶ das Förderungsprinzip, d.h. die Frage, welcher Elternteil das Kind in der aktuellen Situation besser fördern und begleiten kann

▶ Bindungen des Kindes an die Eltern

▶ wenn das Paar mehrere Kinder hat und eine Trennung der Kinder in Frage kommt, die Frage nach der Bindung der Geschwister zueinander

▶ örtliche Gegebenheiten

▶ die Frage nach der Bindungstoleranz, d.h. danach, welcher Elternteil besser in der Lage ist, die Beziehung des Kindes zum anderen Elternteil wertzuschätzen und zu fördern

Streiten sich die Eltern nicht über den Aufenthalt des Kindes, sondern etwa über die Frage, welche Schule ein Kind künftig besuchen soll, oder steht ein schwerwiegender medizinischer Eingriff an und können sich die Eltern hierüber nicht einigen, kann ebenfalls eine gerichtliche Entscheidung beantragt werden. Auch hier wird das Gericht die Entscheidung treffen, die dem Wohl des Kindes am besten entspricht.

Umgangsfragen

Das Recht des Kindes auf Kontakt zum getrennt lebenden Elternteil

Ist geklärt, bei wem das Kind im Alltag bleibt, schließt sich die Frage an, wie der getrennt lebende Elternteil einen guten Kontakt zu seinem Kind behalten kann. Viele Eltern haben die Sorge, dass der betreuende Elternteil den Kontakt zum Kind erschweren oder verhindern wird.

Gesetzlich verankert ist das Umgangsrecht, in §§ 1684, 1685 BGB. Wörtlich heißt es in § 1684 Absatz 1 BGB: „Das Kind hat das Recht auf Umgang mit jedem Elternteil; jeder Elternteil ist zum Umgang mit dem Kind verpflichtet und berechtigt".

Damit steht das Recht des Kindes auf Kontakt zu beiden Eltern im Zentrum der gesetzlichen Regelung und auch einer möglichen gerichtlichen Entscheidung. Auf Seiten der Eltern besteht zunächst die Verpflichtung, mit ihrem Kind Kontakt zu pflegen, danach erst die Berechtigung. Diese Reihenfolge hat der Gesetzgeber bewusst gewählt, um zu verdeutlichen, dass bei allen Entscheidungen zum Umgang an allererster Stelle das Wohl des Kindes steht, nicht

Bei einer Regelung des Umgangs steht das Wohl des Kindes im Vordergrund.

das der Eltern. Diesen Aspekt sollte man sich gerade im Rahmen der Trennung, wenn Eltern teilweise erbittert um die Besuchsregelung streiten, immer wieder vor Augen führen.

Umgangsrecht dritter Personen

Neben den Eltern haben auch andere Personen, zu denen das Kind eine besondere Beziehung entwickelt hat, ein eigenes Umgangsrecht. Dies gilt insbesondere für Großeltern, kann aber z.B. auch in Frage kommen für einen früheren Partner des Elternteils, wenn dieser über eine bestimmte Zeitspanne mit dem Kind zusammen gelebt hat. Möchten neben dem getrennt lebenden Elternteil weitere Personen Kontakt mit dem Kind haben, stellt sich die Frage, wie dies praktisch erfolgen kann. Zu beachten ist, dass durch den zusätzlichen Kontakt die Zeit des Kindes beim betreuenden Elternteil nicht verkürzt werden soll. Wollen mehrere Personen Kontakt mit dem Kind haben, ist die Umgangszeit insgesamt zwischen allen aufzuteilen.

Die Art und Weise des Umgangs

Feste gesetzliche Vorgaben dafür, wie der Kontakt zwischen dem Kind und dem getrennt lebenden Elternteil ausgestaltet werden soll, gibt es nicht. § 1684 Abs. 2 BGB enthält allerdings einen weiteren Appell an die Eltern: „Die Eltern haben alles zu unterlassen, was das Verhältnis des Kindes zum jeweils anderen Elternteil beeinträchtigt oder die Erziehung erschwert."

Die konkrete Ausgestaltung des Umgangs richtet sich nach dem Wohl des Kindes sowie nach den tatsächlichen Gegebenheiten auf Elternseite. Wenn sich die Eltern verständigen können, sind die Gestaltungsspielräume hier sehr groß. Neben dem regelmäßigen Umgang am Wochenende soll Umgang auch in den Ferien stattfinden können. Im nachfolgenden Beispiel wird gezeigt, wie eine Umgangsregelung gestaltet werden kann.

Die individuelle Ausgestaltung des Umgangs ist gesetzlich nicht geregelt.

Umgangsvereinbarung

Wir, Beate und Michael, die Eltern von Lina, sind uns einig, dass Lina nach unserer Trennung bei Beate wohnen bleibt. Damit auch Michael und Lina künftig guten Kontakt miteinander haben können und Michael auch einen Teil des Alltags von Lina miterleben kann, vereinbaren wir Folgendes:

1. Regelung des Umgangs

Wir vereinbaren, dass sich Lina an den Wochenenden im Wechsel bei einem von uns aufhält. Lina wird an den Wochenenden in den geraden Kalenderwochen jeweils von Michael betreut und in den ungeraden Kalenderwochen von Beate. Der Wochenendumgang beginnt, soweit wir ausnahmsweise nicht etwas anderes vereinbaren, regelmäßig freitags um 16.00 Uhr. Michael holt Lina freitags vom Hort ab. Der Umgang endet sonntags um 18.00 Uhr. Um diese Zeit bringt Michael Lina zu Beate nach Hause. Am ersten Umgangswochenende eines Monats bleibt Lina bis zum Montag bei Michael und geht von ihm aus zur Schule.

Wir vereinbaren weiter, dass Michael Lina auch jeden Mittwoch um 17.00 Uhr vom Hort abholt. Lina übernachtet dann bei Michael und geht donnerstags von ihm aus zur Schule.

Sollte einer von uns an einem Wochenende, das in seinen Umgangsturnus fällt, verhindert sein, kann das Wochenende ausnahmsweise getauscht werden. Dies werden wir im Einzelfall miteinander vereinbaren. Sollte Lina an einem Wochenende krank sein und deswegen nicht zu Michael können, soll der Umgang nach Möglichkeit an dem darauffolgenden Wochenende stattfinden. Der Wochenendrhythmus selbst wird dadurch nicht verändert.

2. Ferienregelung

Wir sind uns darüber einig, dass Lina mit Ausnahme der Sommerferien jeweils die gesamten Ferien bei einem Elternteil verbringen soll.

Im Einzelnen vereinbaren wir Folgendes:

a) Faschings- und Herbstferien

Die Faschingsferien und die Herbstferien verbringt Lina im jährlichen Wechsel bei einem von uns. Wir beginnen mit dieser Regelung in 2012 damit, dass Lina die Faschingsferien bei Michael verbringt und die Herbstferien bei Beate. Im Jahr 2013 ist Lina in den Faschingsferien bei Beate und in den Herbstferien bei Michael. Diesen Modus wollen wir fortlaufend beibehalten.

b) Oster- und Pfingstferien

Auch die Oster- und Pfingstferien sollen von uns jeweils turnusmäßig abgewechselt werden. In 2012 verbringt Lina die Osterferien bei Beate und die Pfingstferien bei Michael. Ab 2013 findet auch hier ein jährlicher Wechsel statt.

c) Sommerferien

Wir sind uns einig, dass jeder von uns die Möglichkeit haben soll, drei Wochen Ferien mit Lina zu verbringen. Wir werden jeweils bis zum 28. Februar jeden Jahres festlegen, wer die erste und wer die zweite Ferienhälfte übernimmt. Wenn wir bis zum 28. Februar keine Regelung für die Sommerferien gefunden haben, darf in den geraden Kalenderjahren Beate wählen, welche Ferienhälfte sie mit Lina verbringen möchte und in den ungeraden Jahren Michael.

d) Weihnachtsferien und Feiertagsregelung

Wir sind uns darüber einig, dass Lina den Heiligen Abend und den ersten Weihnachtsfeiertag im Wechsel bei Beate und bei Michael verbringen soll. In 2012 befindet sich Lina vom 24.12. 10.00 Uhr bis 25.12. 18.00 Uhr bei Michael, die Zeit vom 25.12. bis zum 01.01. des nächsten Jahres verbringt Lina bei Beate. Die weiteren Weihnachtsferien bis zum Ferienende ist sie wieder bei Michael.

3. Wochenendregelung während der Ferien

Wir sind uns darüber einig, dass während der Ferien ein Wochenendumgang nicht stattfindet. Wir sind uns weiter darüber einig, dass die Wochenenden, die an die gesetzlichen Ferien angrenzen, zu den Ferien zählen.

Da diese Regelung unter Umständen dazu führen kann, dass ein Elternteil über einen Zeitraum von drei oder vier Wochen keinen Wochenendumgang hat, vereinbaren wir, dass der Umgang an dem Wochenende, welches auf die Ferien folgt, in jedem Fall dem Elternteil zusteht, bei dem Lina nicht die Ferien verbracht hat. Einen Einfluss auf den regelmäßigen Wochenendturnus hat dies nicht. Dieser setzt spätestens am darauffolgenden Wochenende wieder ein.

4. Geburtstagsregelung

Wir sind uns darüber einig, dass Lina an unseren Geburtstagen jeweils die Möglichkeit haben soll, sich bei demjenigen aufzuhalten, der Geburtstag feiert. Fällt dieser Geburtstag auf ein Wochenende, an dem sich Lina beim anderen Elternteil aufhält, besteht ebenfalls eine Tauschmöglichkeit. Wir vereinbaren, dass derjenige von uns, dessen Wochenende betroffen ist, wählen kann, ob der Ausgleich am davorliegenden oder am darauffolgenden Wochenende stattfinden soll. Gleiches vereinbaren wir bei Geburtstagen unserer Eltern, soweit diese ein Umgangswochenende des anderen Elternteils betreffen.

Für den Geburtstag von Lina vereinbaren wir Folgendes:

Beide Eltern sollen die Möglichkeit haben, an diesem Tag Zeit mit Lina zu verbringen. Wir wollen von Jahr zu Jahr vereinbaren, wie wir den Geburtstag unseres Kindes gestalten werden.

Um die Verbindlichkeit einer solchen Umgangsvereinbarung zu erhöhen, besteht die Möglichkeit, die Vereinbarung gerichtlich genehmigen zu lassen. Sie hat dann die gleichen Wirkungen wie eine gerichtliche Entscheidung. Das bedeutet, dass ein gerichtliches Vermittlungsverfahren oder auch ein Ordnungsgeld beantragt werden kann, wenn sich ein Elternteil wiederholt nicht an die getroffenen Vereinbarungen hält (→ Kap. 7, „Der Kontakt mit dem Kind").

Ausgestaltung des Umgangs

Soweit nichts anderes vereinbart ist, holt der getrennt lebende Elternteil das Kind beim betreuenden Elternteil ab und bringt es pünktlich zum vereinbarten Termin wieder dorthin zurück. Fahrtkosten, die hierfür entstehen, trägt in der Regel der getrennt lebende Elternteil. Etwas anderes kann gelten, wenn durch den Wegzug des betreuenden Elternteils zusätzliche Fahrtkosten entstehen. Kosten, die während der Ausübung des Umgangs anfallen, trägt der Umgangsberechtigte. Häufig entstehen zwischen den Eltern Diskussionen über eine Kürzung des Unterhalts, wenn sich Kinder in den Ferien für einen längeren Zeitraum beim unterhaltspflichtigen Elternteil befinden. Hier ist es wichtig zu wissen, dass weder ein längerer Ferienumgang (bei hälftiger Ferienteilung bis zu sieben Wochen) noch Freizeitaktivitäten im Rahmen der Besuchsregelung dazu berechtigen, Kindesunterhaltszahlungen zu kürzen. Diese Kosten trägt der umgangsberechtigte und unterhaltsverpflichtete Elternteil zusätzlich zum regelmäßigen Unterhalt.

Welche Möglichkeiten bestehen, wenn keine Einigung über den Umgang erzielt werden kann?

Gelingt es den Eltern nicht, sich über die Besuchsregelung zu einigen und bleibt auch eine Mediation oder Beratung erfolglos, können sich Eltern an das Familiengericht wenden. Die Gerichte verlangen in den letzten Jahren vermehrt, dass die Eltern Beratungsangebote in Anspruch nehmen(→ Kap.3, „Beratungsangebote"; „Mediation"). Erst dann, wenn dort keine Einigung gefunden werden konnte, wird das Gericht eine Entscheidung zum Umgang treffen, die sich wiederum am Kindeswohl orientiert.

Im Vordergrund steht das Einvernehmen zwischen den Eltern.

Im Vordergrund steht auch im Falle einer gerichtlichen Auseinandersetzung das Einvernehmen zwischen den Eltern. Ein Familienrichter wird in jedem Stadium des Verfahrens den Dialog mit den Eltern, dem Jugendamt und gegebenenfalls einem Verfahrensbeistand suchen, um die Eltern dabei zu unterstützen, selbst Lösungen zu finden. Auch das Kind wird im Umgangsverfahren regelmäßig mit einbezogen. Üblicherweise wird es in Abwesenheit der Eltern und der Anwälte vom Gericht angehört. Stellt sich die Situation zwischen den Eltern als besonders verhärtet dar, kann zu den strittigen Punkten auch ein familienpsychologisches Gutachten eingeholt werden. In die Begutachtung können neben den Eltern und dem Kind auch weitere Personen mit einbezogen werden, die im Leben der Beteiligten eine Rolle spielen. Häufig enden gerichtliche Auseinandersetzungen nach Intervention des Gerichts mit einer Vereinbarung der Eltern zum Umgang. Diese Vereinbarung ist bindend, wenn das Gericht sie als eigene Vereinbarung genehmigt, was in der Regel der Fall ist. Können die Eltern auch mit Hilfe des Gerichts keine Regelung finden, erlässt das Gericht einen Beschluss, mit dem es anordnet, wie der Umgang zu erfolgen hat. Dieser ist dann für alle Beteiligten bindend und kann auch nicht ohne weiteres wieder abgeändert werden. Hält sich ein Elternteil nicht an die getroffenen Anordnungen, sind Sanktionen möglich (→ Kap. 7, „Der Kontakt mit dem Kind").

Unterhaltsfragen

Die Frage, wie jeder Elternteil nach der Trennung seinen Lebensunterhalt sicherstellen kann, bereitet vielen Paaren große Sorgen. Das Einkommen, das der Familie bislang zur Verfügung stand, muss nun ausreichen, um zwei Haushalte zu finanzieren. Die Kinder, die in der Regel kein eigenes Einkommen haben, benötigen Unterstützung. In vielen Familien ist es so, dass ein Elternteil bislang überwiegend das Familieneinkommen sichergestellt hat, während der andere nur einen geringen oder keinen finanziellen Beitrag geleistet und die Kinder betreut hat.

Kindesunterhalt

Grundsätzlich sind beide Eltern verpflichtet, ihren Kindern Unterhalt zu leisten. Normalerweise erfüllt der Elternteil, der die minderjährigen Kinder überwiegend betreut, seine Unterhaltsverpflichtung, indem er die Kinder versorgt. Der andere Elternteil erfüllt seine Unterhaltsverpflichtung, indem er dem Kind einen bestimmten Geldbetrag zur Verfügung stellt. Man spricht von Barunterhalt. Haben sich die Eltern für das Wechselmodell entschieden (→ Kap. 2, „Mögliche Aufenthaltsmodelle"; Kap. 6, „Das Wechselmodell") und betreuen das Kind in gleichem Umfang (die Rechtsprechung verlangt eine annähernd hälftige Betreuung), wird Barunterhalt nur ausnahmsweise gezahlt, etwa wenn die Einkommensverhältnisse sehr unterschiedlich sind.

Die Unterhaltsverpflichtung wird durch die Betreuung der Kinder oder durch Geldzahlung erfüllt.

Wie viel Unterhalt ein Elternteil für seine Kinder zahlt, richtet sich nach der „Düsseldorfer Tabelle". Diese Tabelle, die in regelmäßigen Zeitabständen (i.d.R. alle zwei Jahre) überarbeitet und der Entwicklung der Lebenshaltungskosten und den steigenden Bedürfnissen der Kinder angepasst wird, ist unterteilt in drei Altersstufen (0–5 Jahre, 6–11 Jahre und 12–17 Jahre) und zehn Einkommensstufen.

> **Die Höhe des zu zahlenden Unterhalts richtet sich nach der „Düsseldorfer Tabelle".**

 Die jeweils aktuelle Düsseldorfer Tabelle findet man an zahlreichen Stellen im Internet, etwa auf der Homepage des Oberlandesgerichts Düsseldorf in der Rubrik Service (www.olg-duesseldorf.nrw.de).

Solange die Kinder minderjährig sind, macht den Anspruch auf Kindesunterhalt der Elternteil geltend, in dessen Haushalt die Kinder leben. Sind die Kinder volljährig, müssen sie den Unterhaltsanspruch selbst geltend machen, und zwar gegenüber beiden Elternteilen.

Wie errechnet sich der Kindesunterhalt?

Um festzustellen, wie viel Unterhalt für die Kinder beansprucht werden kann, muss man natürlich wissen, was der andere Elternteil verdient. Hierfür sieht das Gesetz einen Auskunftsanspruch vor, §1605 BGB. Danach ist der Elternteil, der den Unterhalt zahlen muss, verpflichtet, dem anderen mitzuteilen, wie viel er verdient. Da die Einkünfte bei vielen Arbeitnehmern monatlich schwanken und teilweise in bestimmten Monaten Sonderzahlungen geleistet werden (Urlaubs- / Weihnachtsgeld / Bonuszahlungen) umfasst der Auskunftsanspruch sämtliche Einkünfte aus den vergangenen zwölf Monaten. Ist der Unterhaltspflichtige selbstständig, können sogar die Einkünfte aus den letzten drei bis fünf Jahren herangezogen werden. Wird ein Elternteil zur Auskunft aufgefordert, ist er verpflichtet, diese zu erteilen. Außerdem muss er dem anderen die Einkommens-nachweise überlassen, damit die Richtigkeit der Angaben nach-geprüft werden kann.

Neben Einkünften aus Erwerbstätigkeit gehören auch Mietein-nahmen, Sachbezüge, Kapitaleinkünfte, Renten und Steuerer-stattungen zu den anrechenbaren Einkünften. Nutzt der Unter-haltspflichtige einen Firmenwagen, kann hierfür ein zusätzlicher Nutzungsvorteil angerechnet werden. Wohnt er mietfrei in der eigenen Wohnung ist auch hierfür ein Nutzungsvorteil anzu-rechnen. Häufig gibt es Auseinandersetzungen darüber, mit welchem zusätzlichen Betrag solche Sachnutzungsmöglichkei-ten berücksichtigt werden sollen. Bei einer PKW-Nutzung kann der Betrag herangezogen werden, den der Unterhaltspflichtige für die Nutzung des Firmenwagens versteuert. Dieser Betrag er-gibt sich aus den Gehaltsabrechnungen, die of-fen gelegt werden müssen. Bei Wohnungseigen-tum wird im Trennungsjahr der „angemessene Mietzins" (das, was der Nutzer aufwenden müss-te, um auf dem freien Wohnungsmarkt für sich und ggf. die Kinder angemessenen Wohnraum zu finden) angesetzt. Frühestens nach Ablauf des Trennungs-jahres und spätestens ab rechtskräftiger Scheidung wir der „ob-jektive Mietzins" angerechnet (der Betrag, der im Falle einer Fremdvermietung der Wohnung erzielt werden könnte).

Für die Berechnung des Unterhalts müssen alle Einkünfte offengelegt werden.

Von dem so ermittelten Durchschnittseinkommen werden Steuern und Beiträge zur Kranken-, Arbeitslosen- und Renten-versicherung abgezogen. Berufsbedingte Aufwendungen (etwa für Fahrten zur Arbeit, Arbeitskleidung oder Fortbildungen) kön-nen berücksichtigt werden. Zum Teil wird hier eine Pauschale in Höhe von 5% des Nettoeinkommens angesetzt, zum Teil wird ein konkreter Nachweis verlangt. Einige Oberlandesgerichte begrenzen die Pauschale auf 150 €. Weiter darf ein Betrag in Höhe von maximal 4 % des Vorjahresbruttoeinkommens als zusätzliche Altersvorsorge abgezogen werden; die Kosten müssen allerdings nachgewiesen werden (BGH, Urteil vom 27.05.2009, XII ZR 111 / 08). Gibt es aus der Zeit des Zusammenlebens Darlehensverpflichtungen, sind diese in angemessener Höhe ebenfalls abzuziehen.

Der betreuende Elternteil erhält das Kindergeld.

Die Einzelheiten einer Unterhaltsberechnung an dieser Stelle aufzuführen, würde den Rahmen dieses Buches sprengen. Exemplarisch sei an dem nachfolgenden vereinfachten Beispiel verdeutlicht, wie eine Unterhaltsberechnung aussehen könnte:

Beispiel

Herr Grün verdient monatlich 2.400 € netto, laut Vereinbarung mit seinem Arbeitgeber erhält er 13 Monatsgehälter. Sein monatliches Durchschnittseinkommen beläuft sich auf 2.600 €. Für Fahrtkosten zum Arbeitsplatz hat er einen monatlichen Aufwand von 150 €. Für ein Darlehen, das die Familie aufgenommen hatte, zahlt er monatlich 280 € zurück. Außerdem wird für eine weitere Altersvorsorge monatlich ein Betrag von 50 € gezahlt. Das bereinigte Nettoeinkommen für die Unterhalts-

berechnung liegt demnach bei 2.120 € (= 2.600 – 150 – 280 – 50).
Herr Grün hat zwei Kinder, den 9-jährigen Sohn Marc und die 4-jährige Tochter Lara. Bei einem Einkommen von 2.120 € schuldet er Unterhalt nach Einkommensstufe 3 der Düsseldorfer Tabelle. Für Marc beläuft sich der Tabellenunterhalt in der zweiten Altersstufe auf 401 €, und für Lara in der ersten Altersstufe auf 349 € gemäß Düsseldorfer Tabelle, Stand 01.01.2011.

Jeweils aktualisierte Fallbeispiele mit den aktualisierten Unterhaltssätzen der Düsseldorfer Tabelle finden Sie auf der Homepage des Verlages unter: www.reinhardt-verlag.de.

Wichtig ist zu wissen, dass die Düsseldorfer Tabelle in der Fassung vom 01.01.2011 ausgelegt ist auf zwei Unterhaltsberechtigte. Sind mehr oder weniger Unterhaltsberechtigte vorhanden, kann es nach der Düsseldorfer Tabelle gerechtfertigt sein, eine Höherstufung oder Herabstufung vorzunehmen.

Beispiel

Hätte Herr Grün also drei Kinder, müsste er Kindesunterhalt nur nach Einkommensstufe zwei zahlen, wäre er nur einem Kind und damit nur einer Person unterhaltspflichtig, bestünde die Unterhaltsverpflichtung nach Einkommensstufe 4.

Behandlung von Kindergeld

Bei den Unterhaltsbeträgen, die im vorstehenden Beispiel ermittelt wurden, ist noch nicht das staatliche Kindergeld berücksichtigt. Üblicherweise wird das Kindergeld an den Elternteil gezahlt, bei dem die Kinder leben. Zieht ein Elternteil mit den Kindern aus, kann er bei der Familienkasse beantragen, dass das Kindergeld künftig an ihn gezahlt wird.

Der betreuende Elternteil erhält das Kindergeld.

Entsprechende Anträge können auf der Homepage der Bundesagentur für Arbeit online ausgefüllt werden (www.arbeitsagentur.de unter der Rubrik „Formulare").

Das staatliche Kindergeld ist ein steuerlicher Entlastungsbetrag, der beiden Elternteilen hälftig zusteht. Aktuell (Stand 2011) wird für das 1. und 2. Kind 184,00 €, für das 3. Kind 190,00 € und ab dem 4. Kind 215,00 € Kindergeld gezahlt. Berücksichtigt wird dies folgendermaßen: Der Unterhaltsbetrag, der nach der Düsseldorfer Tabelle für ein Kind geschuldet wird, wird um das hälftige Kindergeld gekürzt, wenn der Elternteil, der für das Kind Unterhalt erhält, auch das Kindergeld bezieht. Wird das Kindergeld noch an den anderen Elternteil bezahlt, erhöht sich dessen Zahlungsverpflichtung laut Düsseldorfer Tabelle um das hälftige Kindergeld.

Beispiel

Erhält im vorgenannten Beispiel die Mutter das Kindergeld für die Kinder, darf Herr Grün vom Tabellenunterhalt jeweils das hälftige Kindergeld in Abzug bringen, sodass sich seine Zahlungsverpflichtung für Marc derzeit auf 309 € beläuft (401 − 92) und für Lara auf 257 € (349 − 92).

Bezieht nicht die Kindesmutter sondern Herr Grün das Kindergeld, so sieht die Berechnung folgendermaßen aus:

493 € (401 + 92) für Marc und für Lara 441 € (349 + 92) (Düsseldorfer Tabelle, Stand 01.01.2011).

Was deckt der Tabellenunterhalt ab, welche Kosten können zusätzlich beansprucht werden?

Der Unterhaltsbetrag nach der Düsseldorfer Tabelle deckt den normalen Wohn- und Lebensbedarf des Kindes ab (Elementarunterhalt).

Dazu gehören die Kosten für die Bekleidung des Kindes, Schulsachen, Körperpflege und Ernährung, Urlaube, Geschenke und Taschengeld. Ist das Kind in der Familienversicherung krankenversichert, fallen hierfür keine weiteren Kosten an. Ist das Kind privat krankenversichert, werden diese Kosten von den Netto-einkünften des Unterhaltspflichtigen zusätzlich mit abgezogen.

Hat das Kind neben dem üblichen Lebensbedarf weiteren finanziellen Bedarf, kann dieser als Mehrbedarf oder Sonderbedarf neben dem Elementarunterhalt ebenfalls gegenüber dem Unterhaltsverpflichteten geltend gemacht werden.

Von Mehrbedarf spricht man, wenn dauerhaft, jedenfalls über einen längeren Zeitraum, neben dem normalen Lebensunterhalt weitere Kosten abgedeckt werden müssen. Hierzu zählen etwa der Kindergartenbeitrag, die Kosten für eine Betreuung an der Schule oder Privatschulkosten. Teure Hobbys (z.B. Klavier- oder Reitunterricht) können ebenfalls Mehrbedarf sein. Weiter kann Mehrbedarf entstehen, wenn dauerhaft Zusatzkosten wegen medizinischer Erfordernisse gedeckt werden müssen. Der Mehrbedarf ist jeweils nachzuweisen und kann dann zusammen mit dem laufenden Unterhalt geltend gemacht werden.

Kosten für Kindergartenbetreuung zählen als Mehrbedarf.

Im Gegensatz zum Mehrbedarf liegt Sonderbedarf dann vor, wenn einmalig und unvorhersehbar neben den laufenden Kosten hoher Bedarf auftritt. Dies kann etwa der Fall sein bei erforderlich werdenden medizinischen Behandlungen (Zahnspange) oder bei anderen einmalig hohen Kosten. Auch dieser Sonderbedarf kann zusätzlich zum Elementarunterhalt geltend gemacht werden. Gegenstand vieler Gerichtsentscheidungen in Bezug auf Sonderbedarf sind Landschulheimaufenthalte bzw. Kosten für Konfirmation / Kommunion. Hier wird in aller Regel die Ansicht vertreten, dass dies kein Sonderbedarf ist, da die Kosten planbar und somit vorhersehbar sind. Dem Elternteil, der Kindesunterhalt erhält, wird vielmehr zugemutet, vom laufenden

Unterhalt Rücklagen zu bilden, um diese Kosten dann bestreiten zu können.

Sonder- und Mehrbedarf schuldet allerdings nicht der Unterhaltspflichtige allein. Er ist von beiden Eltern anteilig im Verhältnis ihrer Einkünfte zu zahlen. Zu beachten ist dabei, dass Verpflegungskosten, etwa für ein Essen in der Schule oder im Kindergarten, nicht vom Mehrbedarf umfasst sind. Diese Kosten trägt der Elternteil, der den Kindesunterhalt erhält, allein, da er insoweit eigene Kosten erspart. Schließlich muss er nicht selbst für das Essen sorgen.

Kürzung von Unterhaltszahlungen

Wichtig ist zu wissen, dass Unterhaltszahlungen nicht eigenmächtig gekürzt werden können, etwa weil ein Elternteil das Kind an den Wochenenden oder während der Ferien betreut. Auch Anschaffungen, die der unterhaltspflichtige Elternteil für das Kind macht, etwa weil er zusätzliche Kleidung kauft oder dem Kind Geschenke macht, kann er nicht vom Unterhalt abziehen.

Unterhalt darf nicht eigenmächtig gekürzt werden.

Sicherstellung von Unterhaltszahlungen

Ist einmal Einigkeit über die Höhe des zu zahlenden Unterhaltes erzielt worden, besteht selbstverständlich ein Interesse daran zu wissen, wie auch gewährleistet werden kann, dass der Unterhalt künftig gezahlt wird.

Hier bietet sich als eine Möglichkeit an, beim Jugendamt eine entsprechende Urkunde über die Anerkennung dieser Unterhaltsverpflichtung zu errichten. Dieses Vorgehen ist für den unterhaltspflichtigen Elternteil bislang kostenfrei. Bei dieser „Jugendamtsurkunde" handelt es sich um eine vollstreckbare

Urkunde, die die gleiche Qualität hat wie eine gerichtliche Entscheidung. Zahlt der Unterhaltspflichtige nicht, kann mit dieser Urkunde z. B. eine Gehaltspfändung oder eine Kontenpfändung veranlasst werden. In dieser Unterhaltsurkunde wird üblicherweise nicht nur der aktuell zu zahlende Tabellenunterhalt festgeschrieben, sondern der Prozentsatz, der diesem Unterhaltsbetrag entspricht. Dies hat den Vorteil, dass auch bei einer späteren Änderung der Düsseldorfer Tabelle unmittelbar eine Anpassung der Zahlungsverpflichtungen erfolgt. Der Elternteil, der die Kinder betreut und an den der Unterhalt daher zu zahlen ist, hat auch einen Anspruch darauf, dass die Unterhaltsverpflichtung in dieser Weise abgesichert wird. Zur Verdeutlichung weiter im Beispiel:

Beispiel

Der aktuelle Unterhaltsanspruch von Marc beträgt 401 €. Herr Grün verpflichtet sich jedoch nicht, diesen Betrag zu zahlen, sondern „Kindesunterhalt in Höhe von 110 % des Mindestunterhaltes gem. § 1612 a BGB der jeweiligen Altersstufe". Da Marc in die zweite Altersstufe fällt, sind dies aktuell 401 €.

Davon wird die Hälfte des staatlichen Kindergeldes für ein erstes Kind – aktuell 92 € – in Abzug gebracht. Der Zahlbetrag beläuft sich aktuell auf 309 € (Düsseldorfer Tabelle, Stand 01.01.2011).

Mit dieser Formulierung ist sichergestellt, dass bei einer Änderung der Düsseldorfer Tabelle, einer Änderung der Kindergeldhöhe oder einem Wechsel der Altersklasse der Betrag beansprucht werden kann, der dann 110 % des Mindestunterhalts entspricht.

Wenn Marc zwölf Jahre alt wird, kann die Mutter dann ohne weiteres jedenfalls den Unterhalt nach der 3. Altersstufe verlangen, der sich nach der Düsseldorfer Tabelle, Stand 01.01.2011, auf 469 € beläuft.

Unterhalt für den betreuenden Elternteil

Neben den Kindern benötigt häufig auch der Elternteil, der die Kinder betreut, nach der Trennung finanzielle Unterstützung. Viele Paare gestalten ihr Zusammenleben so, dass ein Elternteil – in der Regel nach wie vor die Mutter – die eigene Erwerbstätigkeit nach der Geburt der Kinder einstellt oder jedenfalls stark reduziert. Unabhängig davon, ob Eltern miteinander verheiratet sind, kann Unterhalt wegen der Betreuung und Versorgung eines gemeinsamen Kindes für die ersten drei Lebensjahre des Kindes beansprucht werden. Hintergrund dieser Gleichstellung ist es, allen Kindern die gleichen Entwicklungs- und Betreuungsbedingungen zu gewährleisten. Über den Dreijahreszeitraum hinaus kann Unterhalt dann beansprucht werden, wenn hierfür besondere Gründe vorliegen.

Uneingeschränkt wird Unterhalt wegen Betreuung des Kindes nur in den ersten drei Lebensjahren gezahlt.

Solche Gründe können entweder in der Person des Kindes liegen (kindbezogene Gründe) oder in der Person des betreuenden Elternteils (elternbezogene Gründe). Ist eine Fremdbetreuung des Kindes möglich, d.h. ist ein entsprechender Betreuungsplatz vorhanden, muss dieser auch genutzt werden. Das Argument, ein Kind könne nur halbtags den Kindergarten besuchen, im Übrigen sei es für seine Entwicklung besser und wichtiger, nachmittags von einem Elternteil betreut zu werden, zählt nicht. Die Rechtsprechung erachtet die Betreuung in einer kindgerechten Einrichtung und die Betreuung durch einen Elternteil als gleichwertig. Ob ein Kind halbtags oder ganztags fremd betreut wer-

Liegen besondere Gründe vor, kann der Betreuungsunterhaltsanspruch verlängert werden.

den muss, hängt stark von den Umständen des Einzelfalls ab. Ein abrupter Wechsel von der Eigenbetreuung zu einer Vollzeittätigkeit wird nicht gefordert, der Übergang kann stufenweise erfolgen. Wie dies im Einzelfall auszusehen hat, ist individuell nach den Bedürfnissen des Kindes zu ermitteln. **Kindbezogene Gründe**, die für eine Verlängerung der persönlichen Betreuung sprechen können, sind etwa:

▶ ein geeigneter Betreuungsplatz für das Kind steht nicht zur Verfügung (es gibt keinen Kindergartenplatz / die Betreuung wird nur halbtags angeboten / es gibt keine Betreuung an der Schule / die Betreuung des Kindes im Krankheitsfall, während der Ferien und an Schließtagen kann nicht zuverlässig geregelt werden),
▶ eine besondere seelische Belastung der Kinder durch die Trennung,
▶ krankheitsbedingt erhöhter Betreuungsbedarf des Kindes (z.B. bei einer Asthmaerkrankung oder ADS),
▶ besonderer Förderungsbedarf des Kindes (besondere Begabung, Entwicklungsverzögerung, Lernstörung, Behinderung, Asthmaerkrankung oder ADS),
▶ Betreuung mehrerer Kinder.

Unbestritten haben jüngere Kinder einen anderen Betreuungsbedarf als ältere Kinder. Wer ein Kindergartenkind und ein Grundschulkind betreut, in Vollzeit arbeitet und nebenbei Haushalt, Einkauf und Versorgung der Kinder sicherstellen muss, wird nach seinem Arbeitsende und dem Abholen der Kinder täglich bis in die späten Abendstunden hinein beschäftigt sein. Dies wird im Verhältnis zu dem unterhaltspflichtigen Elternteil, der neben seiner Erwerbstätigkeit nur sich selbst zu versorgen hat, häufig zu einer Doppelbelastung führen (Stichwort: überobligationsmäßige Tätigkeit), die seitens des Gesetzgebers ebenfalls nicht gewollt ist. Daher kann eine solche Ausgangslage im Einzelfall zu einer Verlängerung des Unterhaltsanspruchs führen.

Neben den kindbezogenen können auch elternbezogene Gründe zu einer Verlängerung des Unterhaltsanspruchs führen. Diese haben in der Praxis allerdings ein geringeres Gewicht. Elternbezogene Gründe liegen in erster Linie in der Ausgestaltung des Zusammenlebens des Paares. Geschützt wird das in der Beziehung gewachsene Vertrauen in die vereinbarte oder praktizierte Rollenverteilung und die gemeinsame Ausgestaltung der Kinderbetreuung (BT-Dr 16/6980). Hat der betreuende Elternteil z. B. seine eigene Karriere wegen der Betreuung der Kinder aufgegeben, kann von ihm nicht von heute auf morgen die Aufnahme einer Vollzeittätigkeit erwartet werden.

Nachfolgend wird erläutert, welche Unterschiede bei der Geltendmachung von Unterhalt bestehen, je nachdem, ob die Eltern verheiratet oder unverheiratet sind.

Unterhaltsanspruch des verheirateten Elternteils

Sind die Eltern verheiratet, richtet sich der Unterhaltsanspruch im Trennungsjahr nach § 1361 BGB. Danach kann ein Ehegatte vom anderen „den nach den Lebensverhältnissen und den Erwerbs- und Vermögensverhältnissen der Ehegatten angemessenen Unterhalt verlangen", und zwar unabhängig davon, wie alt die zu betreuenden Kinder sind, ob der betreuende Elternteil bisher erwerbstätig war und wie die Eltern ihr Zusammenleben ausgestaltet haben.

Das bedeutet, dass alle Einkünfte, die dem Paar während der Zeit des Zusammenlebens zur Verfügung standen, nach der Trennung berücksichtigt und nach einem bestimmten Berechnungsmodell zwischen den Eltern aufgeteilt werden. Hat ein Elternteil bis zur Trennung nicht oder nur in Teilzeit gearbeitet, ist er in aller Regel nicht verpflichtet, sofort eine Erwerbstätigkeit aufzunehmen oder die Teilzeittätigkeit auszuweiten. Etwas anderes kann ausnahmsweise dann gelten, wenn die Ehe nur sehr kurz bestanden hat, dem Ehegatten eine Erwerbstätigkeit ohne weiteres zuzumuten ist oder besondere Umstände zur Trennung geführt haben, die es unbillig erscheinen lassen, dem anderen Ehegatten eine Unterhaltsverpflichtung aufzuerlegen. Diese Fälle bilden allerdings die Ausnahme. Grundsätzlich kann davon ausgegangen werden, dass im ersten Jahr nach der Trennung ein Unterhaltsanspruch besteht.

In der Regel besteht im ersten Jahr nach der Trennung Anspruch auf Unterhalt.

Nach Ablauf des Trennungsjahres lockern sich die wechselseitigen Fürsorgeverpflichtungen der Ehepartner untereinander. Der betreuende Elternteil ist nach Ablauf des Trennungsjahres grundsätzlich verpflichtet, seinen Lebensunterhalt selbst sicher zu stellen, sofern nicht besondere Gründe für eine Verlängerung des Unterhaltsanspruchs sprechen. Zu diesen können zählen:

▶ Kind- oder Elternbezogene Gründe
▶ lange Ehedauer und Gestaltung der Ehe
▶ Alter des Unterhaltsberechtigten

Unterhaltsanspruch von Eltern ohne Trauschein
Sind Eltern nicht miteinander verheiratet, richten sich die Unterhaltsansprüche nach § 1615 l BGB.

Danach kann Unterhalt wegen Kinderbetreuung bei nicht miteinander verheirateten Eltern uneingeschränkt nur bis zur Vollendung des dritten Lebensjahres des Kindes beansprucht werden. Danach ist jeder verpflichtet, für sich selbst zu sorgen. Allerdings können auch in diesem Fall kindbezogene und ausnahmsweise auch elternbezogene Gründe zu einer Verlängerung des Unterhaltsanspruchs führen. Haben sich nicht verheiratete Eltern bewusst entschieden, dass einer von ihnen wegen der Betreuung der Kinder seine Erwerbstätigkeit aufgibt oder reduziert, kann hiermit u. U. für eine Übergangszeit ein weitergehender Unterhaltsanspruch begründet werden. Gleiches gilt, wenn Eltern ohne Trauschein über einen längeren Zeitraum als Familie zusammengelebt haben, ihr Zusammenleben auf Dauer angelegt war oder mehrere Kinder aus der Beziehung hervorgegangen sind.

Bei nicht verheirateten Paaren kann der Betreuungsunterhaltsanspruch geringer sein.

Einer der Hauptunterschiede gegenüber dem Unterhaltsanspruch des verheirateten Elternteils liegt in der Höhe des Betreuungsunterhaltsanspruchs. Dieser richtet sich nicht nach den ehelichen Lebensverhältnissen, sondern danach, was der betreuende Elternteil bis zur Geburt des Kindes verdient hat bzw. aktuell ohne die Kinderbetreuung verdienen würde. Hat ein Elternteil deutlich mehr verdient als der andere, kann trotzdem nur das als Unterhalt geltend gemacht werden, was der betreuende Elternteil derzeit im Falle einer Vollzeittätigkeit verdienen würde. War der betreuende Elternteil vor der Geburt des Kindes nicht erwerbstätig, kann er nur sein Existenzminimum verlangen. Dieses liegt derzeit bei 770 € im Monat (Stand 2011).

Berechnung des Unterhalts

Die Berechnung des Unterhalts ist zu komplex, um sie im Rahmen dieses Buches umfassend zu erläutern. Was hier dargestellt wird, ist eine schematische Übersicht zu einzelnen Eckpunkten, die einen ersten Eindruck darüber vermitteln, wie eine Unterhaltsberechnung aussehen kann. Im Einzelfall mag die Übersicht schon genügen, um zu einer vermittelnden Lösung zwischen den Eltern zu gelangen. Eltern sollten bedenken, dass auch im Rahmen anwalt-

Die exakte Berechnung des Unterhaltsanspruchs sollte ein Rechtsanwalt durchführen.

licher und gerichtlicher Auseinandersetzungen um den Unterhalt einzelne Streitpunkte teilweise bis zum Ende ungeklärt bleiben. Da die Berechnung des Unterhaltsanspruchs des betreuenden Elternteils an die Kindesunterhaltsberechnung anknüpft, soll das Beispiel zum Kindesunterhalt (→ S. 62, 64) weiter entwickelt werden. Um errechnen zu können, in welcher Höhe Unterhalt beansprucht werden kann, müssen beide Eltern dem jeweils anderen Auskunft darüber geben, welches Einkommen sie haben (→ S. 60). Das für die Unterhaltszahlungen einzusetzende Einkommen des Unterhaltspflichtigen wird in gleicher Weise ermittelt wie beim Kindesunterhalt. (→ S. 61). Hat der Unterhaltsberechtigte ebenfalls Einkommen, wird auch für ihn zunächst ermittelt, welche Einkünfte vorhanden sind. In einem nächsten Schritt werden die Nettoeinkünfte unter Berücksichtigung der vorstehend im Einzelnen aufgeführten Abzugsposten in gleicher Weise ermittelt wie beim Kindesunterhalt (→ S. 61, 62). Hiervon kann jetzt noch ein weiterer Betrag in Abzug gebracht werden,

Mit dem Erwerbsbonus soll die persönliche Arbeitsleistung honoriert werden.

der sogenannte „Erwerbsanreiz" oder „Erwerbsbonus". Der Erwerbsbonus ist der Betrag, den der Unterhaltspflichtige für sich beanspruchen darf und den er nicht mit dem Unterhaltsberechtigten teilen muss. Dadurch soll seine persönliche Arbeitsleistung honoriert werden. Je nachdem, wo in Deutschland Familie Grün wohnt, wird Herrn Grün 1/10 bzw. 1/7 des verbleibenden Einkommens als zusätzlicher Erwerbsbonus zugestanden.

Beispiel

Nach Abzug des Kindesunterhalts bleibt Herrn Grün ein Einkommen von 1554 €. 1/10 Erwerbsbonus entsprechen 155 €, die abgezogen werden können. 1/7 Erwerbsbonus sind 222 € (Düsseldorfer Tabelle, Stand 01.01.2011).

Bedauerlicherweise ist es in Deutschland bislang nicht gelungen, insoweit eine Vereinheitlichung der Rechtsprechung herbeizuführen. Während die süddeutschen Gerichte einen Erwerbsbonus von 1/10 gewähren, rechnet der Norden jeweils mit 1/7. In diesem Buch soll mit einem Erwerbsbonus von 1/10 gerechnet werden.

Berechnung des Unterhaltsanspruchs eines verheirateten Elternteils

Nach den Vorgaben im Ausgangsbeispiel (→ S. 62, 64) errechnet man den Ehegattenunterhaltsanspruch im Trennungszeitraum wie folgt:

Ehegattenunterhaltsanspruch im Trennungszeitraum

Bereinigtes Nettoeinkommen Herr Grün	**2.120 €**
Kindesunterhalt Marc	401 €
abzgl. ½ Kindergeld	−92 €
Zahlbetrag	**309 €**
Kindesunterhalt Lara	349 €
abzgl. ½ Kindergeld	−92 €
Zahlbetrag	**257 €**
Verbleibendes Einkommen	1.554 €
abzgl. 10 % Erwerbsbonus	−155 €
Verbleibendes Einkommen	**1.399 €**
Einkommen Frau Grün nach Abzug Altersvorsorge und berufsbedingtem Aufwand	**800 €**
abzgl. 10 % Erwerbsbonus	−80 €
Verbleibendes Einkommen	**720 €**
Unterhaltsberechnung:	
Bereinigtes Einkommen Herr Grün	1.399 €
+ Bereinigtes Einkommen Frau Grün	+720 €
Gesamteinkommen	**2.119 €**
Hiervon steht jedem Ehegatten die Hälfte zu	1.060 €
abzgl. eigenes Einkommen Frau Grün	−720 €
Differenz / Unterhaltsanspruch	**340 €**

Ein jeweils aktuelles Berechnungsbeispiel finden Sie auf der Seite www.
reinhardt-verlag.de.

Beispiel

In Höhe des Betrages von 340 € hat Frau Grün einen Unterhaltsanspruch gegenüber ihrem Ehemann. Herr Grün kann diesen Betrag auch zahlen, ohne seinen eigenen Lebensunterhalt zu gefährden. Ihm verbleiben nach Zahlung des Ehegattenunterhaltes von 340 € noch 1.059 € (1399 – 340). Sein Selbstbehalt – also der Betrag, der ihm in jedem Fall zum Leben zur Verfügung bleiben muss – liegt bei 1.050 € (Stand 2011). Dieser Betrag ist gewahrt.

Unterhaltsberechnung bei nicht verheirateten Eltern

Ist ein Paar nicht verheiratet, ergibt sich folgende Aufstellung. Angenommen Herr Grün und Frau Blau sind nicht miteinander verheiratet, ergibt sich im vorliegenden Fall nur dann eine abweichende Berechnung, wenn Frau Blau trotz der Betreuung der Kinder (neun und vier Jahre alt) in Vollzeit arbeiten muss. Um von Herrn Grün Unterhalt beanspruchen zu können, muss Frau Blau also erläutern, warum sie derzeit nicht in Vollzeit arbeiten kann (etwa weil Marc sehr unter der Trennung leidet, bislang nach der Schule zu Hause von ihr betreut wurde und in seinen schulischen Leistungen bereits stark nachgelassen hat oder weil für Lara nachmittags kein Kindergartenplatz zur Verfügung steht).

Unterhalt in Höhe von 340 € bekommt sie allerdings nur dann, wenn sie vor der Geburt und Betreuung der Kinder mindestens ein Nettoeinkommen von 1.060 € hatte (720 € + 340 €).

Hat sie vor der Geburt der Kinder nur 1.000 € netto verdient, hat sie nur einen Unterhaltsanspruch von 280 €, da sie nur in diesem Umfang eine Einkommenseinbuße hat (1.000 € – 720 €). Sie kann vom Vater der Kinder dann nur 280 € beanspruchen.

Die Einkünfte reichen nicht aus, um sämtliche Unterhaltsansprüche zu decken – der Mangelfall

Häufig wird das Einkommen des Unterhaltspflichtigen nicht ausreichen, alle Unterhaltsansprüche zu decken. Angenommen, die Familie Grün hat im Ausgangsbeispiel nicht zwei, sondern drei Kinder im Alter von zwölf (Tobias), neun (Marc) und zwei Jahren (Lara). Außerdem ist die Mutter unterhaltsberechtigt, da von ihr wegen der Betreuung von Lara noch keine Erwerbstätigkeit verlangt werden kann.

Es ergeben sich dann bei einem bereinigten Nettoeinkommen von Herrn Grün von 2.120 € folgende Unterhaltsverpflichtungen (im Beispiel wird mit gerundeten Beträgen gerechnet):

Unterhaltsverpflichtung Herr Grün

Bereinigtes Einkommen Herr Grün	**2.120 €**
4 Unterhaltsberechtigte, daher Herabstufung um zwei Einkommensstufen in Einkommensstufe I (100 % des Mindestunterhaltes)	
Kindesunterhalt Tobias	426 €
abzgl. ½ Kindergeld	−92 €
Zahlbetrag	**334 €**
Kindesunterhalt Marc	364 €
abzgl. ½ Kindergeld	−92 €
Zahlbetrag	**272 €**
Kindesunterhalt Lara	317 €
abzgl. ½ Kindergeld	−95 €
Zahlbetrag	**222 €**
Zahlbetrag Kindesunterhalt gesamt	**828 €**

Bereinigtes Einkommen Herr Grün	2.120 €
abzgl. Kindesunterhalt	−828 €
abzgl. 10 % Erwerbsbonus (in diesem Fall strittig)	−129 €
Verbleibendes Einkommen	**1.163 €**

Berechnung Unterhaltsanspruch Frau Grün	
Verbleibendes Einkommen Herr Grün	1.163 €
zzgl. Einkünfte Frau Grün	0
(Da Lara erst zwei Jahre alt ist, ist Frau Grün noch nicht wieder erwerbstätig.)	
Gesamt	1.163 €
Hiervon ½	**582€**
Ehegatten- bzw. Betreuungsunterhalt Frau Grün unter Berücksichtigung Selbstbehalt Herr Grün	
Einkommen Herr Grün	1.163 €
abzgl. Selbstbehalt Herr Grün	−1.050€
zu zahlender Betrag	**95€**

Nur in Höhe des Betrags von 95 € ist Herr Grün leistungsfähig. Reicht das Einkommen nicht aus, sämtliche Unterhaltsansprüche zu decken, kommt die Vorschrift des § 1609 BGB ins Spiel. Diese regelt, in welcher Reihenfolge Herr Grün die Unterhaltsverpflichtungen bedienen muss. Gemäß § 1609 Nr. 1 BGB sind vorrangig die Ansprüche der minderjährigen unverheirateten Kinder zu erfüllen. An zweiter Stelle stehen Eltern, die wegen der Betreuung eines Kindes unterhaltsberechtigt sind oder im Fall einer Scheidung unterhaltsberechtigt wären sowie Ehegatten bei einer Ehe von langer Dauer, § 1609 Nr. 2 BGB. Frau Grün erhält also nur noch den Betrag, der Herrn Grün nach Zahlung des Kindesunterhalts verbleibt. Dies ist für Frau Grün nicht gravierend, solange nur an sie und ihre Kinder Unterhalt gezahlt werden muss. Angenommen aber, Tobias wäre ein Kind von Herrn Grün aus einer früheren Beziehung, stünde ihr und ihren beiden Kindern Marc und Lara weniger

Reicht das Einkommen nicht für alle Unterhaltsansprüche, ist der Anspruch der Kinder vorrangig.

Geld zur Verfügung. Eine weitere Kürzung könnte erfolgen, wenn nicht Tobias sondern Lara das Kind von Herrn Grün aus einer anderen Beziehung wäre. In dem Fall hätte Frau Grün unter Umständen überhaupt keinen Unterhaltsanspruch wegen Kinderbetreuung mehr, da sie neben der Betreuung von Marc und Tobias wohl voll arbeiten müsste. Die 95 € wären dann an die Mutter der 2-jährigen Lara zu zahlen, die wegen der Kinderbetreuung noch nicht verpflichtet ist zu arbeiten.

Die gemeinsame Wohnung

Steht die Trennung bevor, lauten die zu klärenden Fragen:

▶ Wer bleibt in der Wohnung, wer zieht aus?
▶ Was passiert, wenn nur ein Elternteil den Mietvertrag unterschrieben hat?
▶ Darf ich ohne weiteres das Schloss austauschen?
▶ Welche Rechte habe ich, wenn ich nicht verheiratet bin?

Was alle Paare beachten sollten

Hat ein Paar gemeinsam eine Wohnung angemietet, so kann diese Wohnung nur von beiden gekündigt werden. Kündigt nur ein Elternteil, ist diese Kündigung nicht wirksam. Der Elternteil, der auszieht, ist dem Vermieter gegenüber weiterhin zu Mietzahlungen und der ordnungsgemäßen Rückgabe der Wohnung verpflichtet. Sind beide sich einig, dass die gemeinsame Wohnung aufgegeben werden soll, müssen daher auch beide Eltern dem Vermieter kündigen. Besteht Einigkeit, dass ein Elternteil die Wohnung allein weiterbewohnt, sollte unbedingt mit dem Vermieter eine Regelung gefunden werden, dass

Die künftige Nutzung der gemeinsamen Wohnung ist gegebenenfalls mit dem Vermieter abzustimmen.

derjenige, der in der Wohnung bleibt, auch den Mietvertrag allein weiterführt. Wurde eine Kaution gezahlt, sollte man klären, wem sie zusteht. Bestand das Mietverhältnis schon länger, sollte man klären, ob Renovierungskosten anteilig übernommen werden müssen. In keinem Fall empfiehlt es sich, einfach das Schloss auszutauschen und den anderen so vor vollendete Tatsachen zu stellen.

Können sich Eltern bei der Trennung nicht einigen, wer von ihnen in der gemeinsamen Wohnung verbleiben soll und wer – entweder mit oder ohne die Kinder – auszieht, bleibt als letzter Ausweg ein gerichtliches Verfahren, das sogenannte Wohnungszuweisungsverfahren. Die gesetzliche Regelung dafür enthält § 1361 b BGB. Sie steht allerdings nur Eltern offen, die miteinander verheiratet sind. Für Eltern ohne Trauschein gibt es hier keine besondere gesetzliche Regelung.

Die künftige Wohnungsnutzung verheirateter Eltern

Nach der genannten Vorschrift kann der Elternteil, den der Auszug aus der Wohnung härter treffen würde, beantragen, dass ihm die gemeinsame Wohnung wenigstens für die Zeit des Getrenntlebens (also bis zu einer Scheidung der Ehe) zur alleinigen Nutzung zugewiesen wird. Das Gericht wird diesem Antrag stattgeben, wenn es keine Möglichkeiten gibt, die Trennung innerhalb der Wohnung zu vollziehen. Häufig wird die Trennung innerhalb der Wohnung nicht funktionieren, weil entweder die Wohnung zu klein oder die Spannung zwischen den Eltern zu groß ist, um eine Trennung vernünftig zu regeln. Wer Mieter der Wohnung ist, spielt bei diesem Verfahren keine Rolle. Es kann also sein, dass die Ehewohnung dem Elternteil zugewiesen wird, der nur Mitmieter oder überhaupt nicht Mieter ist.

Es stellt sich die Frage, welcher Elternteil dringender auf die Wohnung angewiesen ist. In der Regel wird es im Interesse der Kinder sein, in ihrem gewohnten Umfeld zu verbleiben. Häufig ist es auch so, dass der Elternteil, der auszieht, nur eine kleinere Wohnung benötigt und diese einfacher und kostengünstiger anmieten kann als der Elternteil, der mit den Kindern zusammen bleibt. Gerade auch dann, wenn die Unterhaltsfragen noch nicht geklärt sind, stellt es für den nicht oder nur geringfügig beschäftigten Elternteil häufig ein großes Problem dar, überhaupt eine Wohnung zu finden. Alle diese Aspekte sollten von den Eltern im Rahmen der Trennung bei der Überlegung, wer in der Wohnung verbleibt, mit herangezogen werden. Seitens des Gerichts werden sie ebenfalls berücksichtigt.

Meist bleibt der betreuende Elternteil mit den Kindern in der gemeinsamen Wohnung.

Wer bleibt in der Wohnung, wenn Eltern nicht verheiratet sind?

Leben Eltern ohne Trauschein zusammen, haben sie keine Möglichkeit, eine gerichtliche Wohnungszuweisung zu beantragen. Haben beide Eltern die Wohnung angemietet, ist zu beachten, dass eine Kündigung des Mietverhältnisses auch nur von beiden gemeinsam erfolgen kann. Bis zu einer Kündigung des Mietverhältnisses haften beide Mietparteien dem Vermieter gegenüber für die Miete. Dies ist insbesondere dann zu beachten, wenn ein Elternteil aus der Wohnung auszieht und darauf vertraut, dass der verbleibende Elternteil die Miete allein zahlen wird. Ist dies nicht der Fall, kann er auch nach seinem Auszug mit belangt werden. Kündigt nur ein Elternteil, obwohl der Mietvertrag von beiden unterschrieben wurde, ist das dem Vermieter gegenüber nicht wirksam.

Eine gemeinsam angemietete Wohnung kann nur gemeinsam gekündigt werden.

Der Hausrat – wie werden gemeinsame Anschaffungen verteilt?

Zusammenleben in der gemeinsamen Wohnung zieht immer auch gemeinsame Anschaffungen nach sich. Selten führen Paare Buch darüber, wer was in die Beziehung mit eingebracht hat und wer welche Anschaffungen bezahlt hat.

Die Verteilung des Hausrats bei verheirateten Eltern

Parallel zu den Vorschriften über die Nutzung der gemeinsamen Wohnung gibt es im Gesetz auch Regelungen über die Verteilung des Wohnungsinhalts – also des Hausrats. Der Grundgedanke dieser Vorschriften ist, dass zunächst jeder Elternteil die Gegenstände erhält, die er mit in die Ehe eingebracht hat. Diese sind und bleiben sein Alleineigentum. Allerdings kann der andere Elternteil unter Umständen verlangen, sie weiter nutzen zu dürfen, wenn er sie dringend benötigt.

> **Bei der Aufteilung des Hausrats wird u. a. berücksichtigt, wer welche Gegenstände dringender benötigt.**

Beispiel

Herr Grün hat die Waschmaschine und den Trockner mit in die Ehe gebracht. Er zieht aber in eine Wohnung, die eine Gemeinschaftseinrichtung zum Waschen hat. Frau Grün benötigt die Waschmaschine und den Trockner dringend für die Kinder. Geld, um neue Geräte zu kaufen, hat sie derzeit nicht.

Alles was während der Ehe gemeinsam angeschafft wurde, gehört in der Regel beiden, egal wer es bezahlt hat. Verteilt wird – hier hat sich der Gesetzgeber einen besonders schönen Begriff ausgesucht – nach Billigkeit. Was das genau bedeutet, ist schwer zu beschreiben. Es bedeutet jedenfalls weder, dass beide Ehegatten die gleichen Anteile am Hausrat erhalten müssen, noch, dass der eine dem anderen den vollen Wertausgleich für das zahlen muss, was er mehr erhält. Man wird vielmehr nach den finanziellen Möglichkeiten der Eheleute, den aktuellen Lebensbedingungen und dem Wohl der Kinder entscheiden, wer was erhalten soll. Für Wertunterschiede bei der Zuordnung kann ein Ausgleich gezahlt werden. Die Ausgleichshöhe richtet sich allerdings nicht nur nach dem Anschaffungs- oder Zeitwert. Auch hier sind die unterschiedlichen finanziellen Möglichkeiten und die aktuellen Lebensbedingungen zu berücksichtigen. Wichtig ist schließlich zu wissen, dass eine Ausgleichszahlung nicht schon dann verlangt werden kann, wenn ein Ehegatte den gesamten Hausrat beim anderen in der Wohnung belässt und sich dafür „auszahlen" lassen will. Der Gesetzgeber hat bewusst den Weg gewählt, den Hausrat angemessen zwischen beiden zu verteilen, so dass sich nicht ein Ehegatte auf Kosten des anderen einfach neu einrichten kann.

Tipp

→ *Erstellen Sie eine Liste der Haushaltsgegenstände, die zu verteilen sind. Hier kann jeder vermerken, wem die einzelnen Dinge zugeordnet werden sollten und welcher Wertausgleich dafür angemessen erscheint. (Ein entsprechendes Musterexemplar finden Sie im Anhang).*

Können sich die Eltern nicht einigen, ist ein gerichtliches Verfahren möglich; empfehlenswert ist dies allerdings nicht.

Verteilung des Hausrats bei Eltern ohne Trauschein

In diesem Fall gibt es keine besonderen gesetzlichen Regelungen über die Verteilung. Jeder behält das, was er in die Beziehung mit eingebracht hat, bzw. während der Beziehung angeschafft hat. Hilfreich ist es, wenn Belege vorhanden sind, mit denen die Anschaffungen nachgewiesen werden können. Gegenstände, die von beiden bezahlt wurden, gehören beiden. Hier wird man überlegen müssen, wer was übernimmt und welcher Ausgleich dafür gezahlt wird. Dies kann ein Teil des Anschaffungspreises sein, der Zeitwert oder der Wiederbeschaffungswert.

Tipp

→ *Überlegen Sie sich, was sie bereit wären, für einzelne Gegenstände zu zahlen und ob Sie auch bereit wären, diesen Gegenstand dem anderen für den gleichen Betrag zu überlassen. So gelingt es vielleicht, einen angemessenen Wertausgleich zu finden.*

Aufteilung gemeinsamer Ersparnisse und gemeinsamen Vermögens

Gemeinsame Lebensplanung bedeutet oft auch gemeinsame Vermögensbildung. Es gibt Ersparnisse jedes Einzelnen, gemeinsame Konten, Lebensversicherungen, manchmal eine gemeinsame Immobilie, zum Teil auch gemeinsame Verbindlichkeiten. Häufig steckt im Vermögen des Paares auch Geld der Eltern.

Vermögensauseinandersetzung verheirateter Eltern

Zum Zeitpunkt der Trennung ist es oft zu früh, schon die endgültige Vermögensauseinandersetzung vorzunehmen. Eltern sollten sich allerdings in jedem Fall schon zu diesem Zeitpunkt einen Überblick über das vorhandene Vermögen verschaffen.

Der Anspruch auf Auskunft über das zum Zeitpunkt der Trennung vorhandene Vermögen ist gesetzlich verankert, § 1379 BGB. Sollte der Partner nicht bereit sein, diese Informationen zu erteilen und besteht die Befürchtung, dass Vermögenswerte ver-

---

Tipp

→ *Dokumentieren Sie die aktuellen Kontostände gemeinsamer Konten.*

→ *Bitten Sie Ihren Partner, Ihnen den aktuellen Stand seines Vermögens mitzuteilen und zu dokumentieren.*

→ *Vereinbaren Sie, dass keiner ohne Zustimmung des anderen über das gemeinsame Vermögen verfügt.*

→ *Treffen Sie keine endgültigen Entscheidungen über die Verteilung des gemeinsamen Vermögens, ohne sich zuvor anwaltlich beraten zu lassen.*

→ *Prüfen Sie die Bezugsberechtigung von Lebensversicherungen. Sind die getroffenen Bestimmungen noch sachgerecht?*

---

heimlicht werden, sollte bei gemeinsamen Konten in jedem Fall veranlasst werden, dass nur noch beide gemeinsam verfügen können (Umwandlung eines Oder-Kontos in ein Und-Konto). Außerdem empfiehlt es sich in diesem Fall, rasch eine anwaltliche Beratung in Anspruch zu nehmen. Sollte das Vermögen bereits zu diesem Zeitpunkt aufgeteilt werden, empfiehlt es sich, dies notariell festzuhalten und für die weitere Ehe Gütertrennung zu vereinbaren. Ansonsten riskiert man eine mehrfache Verteilung des Vermögens.

Vermögensauseinandersetzung bei Eltern ohne Trauschein

Spezielle gesetzliche Regelungen gibt es hier – anders als bei verheirateten Paaren – nicht. Eine Vermögensauseinandersetzung findet nur nach allgemeinen gesellschaftsrechtlichen Regeln statt, etwa dann, wenn ein Paar ein gemeinsames Konto hat. Hat ein Partner dem anderen Geld zur Verfügung gestellt, etwa für dessen Immobilie, kann ein Ausgleichsanspruch bestehen. Einen Ausgleichsanspruch für den Fall, dass ein Partner in der Beziehung mehr Ersparnisse gemacht hat als der andere, gibt es allerdings nicht.

Wo Eltern weitere rechtliche Informationen erhalten

Für weitergehenden Beratungsbedarf sollte man sich in jedem Fall an eine Rechtsanwältin oder einen Rechtsanwalt wenden, der auch Fachanwalt für Familienrecht ist. Adressen erhält man entweder über den örtlichen Anwaltsverein oder auch den Anwaltsuchservice. Vor einem Beratungsgespräch sollte man sich notieren, welche Informationen benötigt werden. Außerdem empfiehlt es sich, vor

In einigen Fällen ist die Beratung durch einen Rechtsanwalt empfehlenswert.

dem Gespräch die Kosten der Beratung zu erfragen. In der Regel kostet eine Erstberatung max. 190 € plus MwSt. Rechtschutzversicherungen übernehmen diese Kosten teilweise. Kann jemand die Kosten einer Erstberatung nicht tragen, besteht die Möglichkeit, beim zuständigen Amtsgericht Beratungshilfe zu beantragen. Muss der Anwalt weiter tätig werden, sollte man ebenfalls vorab die voraussichtlichen Kosten erfragen.

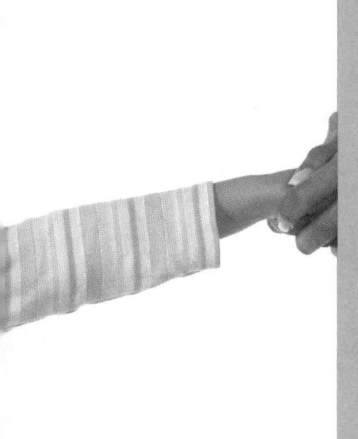

Die ersten zwei Jahre nach der Trennung

Trennungsschmerz und neues Leben

Für beide Eltern ist die Zeit nach der Trennung schwer. Plötzlich alleine für die Kinderbetreuung zuständig zu sein ist ebenso belastend, wie allein zu leben und die Kinder nur noch selten zu sehen. Auch den Kindern fällt es nicht leicht, sich an die neue Situation zu gewöhnen.

5

Wie sich die Eltern fühlen

Auch die Zeit nach der Trennung ist für Eltern schwierig. Viele Eltern, die mit ihren Kindern zusammenleben, fühlen sich nach der Trennung von all den Anforderungen, die an sie gestellt werden, überfordert. Sie müssen bezogen auf die Kinder und den Haushalt Aufgaben übernehmen, die vorher im Zuständigkeitsbereich des anderen Elternteils lagen. Wenn das bisherige Familieneinkommen nicht für zwei Haushalte reicht, müssen sie sich eine Arbeitsstelle suchen oder ihre bisherige Arbeitszeit aufstocken und die Betreuung der Kinder neu organisieren. Sie haben den Eindruck, vom Leben abgeschnitten zu sein, wenn sie abends allein zu Hause sitzen, während die Kinder im Bett liegen. Aufgrund der eigenen Belastung haben Eltern in vielen Fällen nicht nur weniger Zeit für ihre Kinder, sie haben oft auch weniger Geduld und Toleranz im Umgang mit ihnen. Im Grunde brauchen Eltern in dieser Zeit Kinder, die sich angepasst verhalten und möglichst wenige Forderungen stellen (Figdor 1994). Aber auch die Kinder sind belastet und benötigen mehr Zuwendung als zuvor.

> **Beide Eltern müssen nach der Trennung zahlreiche Probleme meistern.**

Eltern, die im Alltag ohne ihre Kinder leben, haben plötzlich Freiheiten, auf die sie lange verzichten mussten. Sie können abends ausgehen und nachts ungestört schlafen. Dafür vermissen sie die tägliche Nähe zu ihren Kindern und haben Angst, ihre Kinder zu verlieren, besonders, wenn der andere Elternteil einen neuen Partner hat (→ Kap. 6, „Ein neuer Partner taucht auf"). Sie erleben die ungewohnte Leere und Stille der Wohnung, in die sie abends nach der Arbeit zurückzukehren, als große Belastung. Manche versuchen die entstandene Leere durch eine Vielzahl von Freizeitbeschäftigungen zu füllen oder gehen immer wieder neue Beziehungen ein. Auch diesen Eltern steht weniger

Geld als vorher zur Verfügung, was Einschränkungen und Verzicht mit sich bringt.

Untersuchungen zeigen, dass das erste Jahr nach einer Trennung für Eltern das schwierigste ist, unabhängig davon, ob sie im Alltag mit oder ohne ihre Kinder leben (Hetherington / Kelly 2003). Beide Eltern fühlen sich in dieser Zeit häufig gestresst, ängstlich, depressiv, wütend und leiden unter Stimmungsschwankungen. Im Verlauf des zweiten Jahres erleben sich die meisten als deutlich weniger belastet, weil sich das neue Leben allmählich eingespielt hat und sie neue Perspektiven entwickeln konnten.

Das erste Jahr nach der Trennung ist für Eltern das schwierigste.

So geht es Eltern nach der Trennung

▸ Getrennt Lebende sind im ersten Jahr nach einer Trennung anfälliger für Erkrankungen, da das Immunsystem durch den erhöhten Stress geschwächt ist (Hetherington / Kelly 2003; Ochs / Orban 2008).

▸ Alleinerziehende, die einer Berufstätigkeit nachgehen, fühlen sich zufriedener als Alleinerziehende, die keiner Berufstätigkeit nachgehen. Das wird darauf zurückgeführt, dass Berufstätige mehr Selbstachtung haben und regelmäßig mit Erwachsenen zusammentreffen (Hetherington / Kelly 2003).

▸ Im ersten Jahr nach einer Trennung haben viele Expartner Zweifel an der Richtigkeit der Trennung, unabhängig davon, ob sie die Trennung initiiert haben oder nicht (Hetherington / Kelly 2003).

▸ Eine Liebesbeziehung hat nach der Trennung den stärksten positiven Effekt auf die psychische Befindlichkeit der Expartner. Männer gehen nach einer Trennung sehr viel schneller eine neue Partnerschaft ein als Frauen, die zu 2/3 die Initiatoren der Trennung sind (Hetherington / Kelly 2003).

▸ Alleinerziehende haben ein 3-bis 4-fach erhöhtes Risiko, von Armut betroffen zu sein, als Eltern, die zusammenleben. Das Risiko steigt mit der Kinderzahl und ist für Alleinerziehende mit drei Kindern fast doppelt so hoch wie für Alleinerziehende mit einem Kind (Schneewind 2010).

Tipp

→ *Rechnen Sie damit, dass es Ihnen im ersten Jahr nach der Trennung häufig nicht so gut gehen wird, und seien Sie mit sich nachsichtig.*

→ *Übernehmen Sie die Verantwortung für Ihre Situation und versuchen Sie das Beste daraus zu machen.*

→ *Suchen Sie Rat und Unterstützung bei anderen, tun Sie möglichst oft Dinge, die Ihnen Freude machen.*

→ *Nutzen Sie die neue Situation zu Ihrer persönlichen Weiterentwicklung. Denken Sie an das, was in der zurückliegenden Beziehung gut war, und versuchen Sie auch herauszufinden, welchen Anteil Sie am Scheitern der Beziehung hatten.*

→ *Informieren Sie sich frühzeitig darüber, welche finanziellen Hilfen Ihnen zustehen (Informationen erhalten Eltern über Wohlfahrtsverbände wie Caritas und Diakonie oder in der Broschüre „alleinerziehend"; → Zum Weiterlesen, Kostenlose Broschüren).*

Wie sich die Kinder fühlen

Wenn Kinder alt genug sind, die Trennung ihrer Eltern verstandesmäßig zu erfassen, erleben sie das Auseinanderbrechen der Familie häufig als großen Schmerz, der sich wie ein Riss durch ihr Leben zieht (Figdor 1994). Aber auch jüngere Kinder bis zum vierten Lebensjahr empfinden es als Verlust, dass ein Elternteil nicht mehr jeden Tag für sie zur Verfügung steht und nicht mehr so oft mit ihnen spielen und kuscheln kann. Nach der Trennung der Eltern entsteht für Kinder eine Lücke, die oft gar nicht oder erst nach und nach gefüllt wird (Largo 2009). Der Elternteil, der mit den Kindern zusammenlebt, benötigt seine Kraft und Zeit für andere Lebensbereiche. Auch

Für Kinder ist die Abwesenheit eines Elternteils im Alltag ein großer Verlust.

steht für die Kinder im Alltag häufig keine andere nahe Bezugsperson zur Verfügung, die den Part des getrennt lebenden Elternteils ersetzen kann. Viele Kinder sehnen sich nach einer Versöhnung ihrer Eltern und danach, weiter mit beiden Eltern in einer Familie zusammenzuleben. Diese Sehnsucht hält im Verborgenen oft Jahre an, auch wenn die Eltern schon längst neue Partner haben oder wieder verheiratet sind. Kinder, die im Zuge der Trennung umziehen müssen oder zum ersten Mal außerhäuslich betreut werden, fühlen sich zusätzlich unsicher und belastet.

Trotz allem haben Kinder nach einer Trennung die Bereitschaft, sich mit den neuen Gegebenheiten zu arrangieren und sich in der neuen Situation einzuleben. Nach den Unruhen der vorangegangenen Wochen und Monate wollen sie, dass wieder Ruhe in ihr Leben einkehrt. Sie wollen wie früher ausgelassen spielen, sich mit Freunden treffen oder im Kindergarten vergnügt sein. Es hängt unter anderem vom Temperament und der Persönlichkeit der Kinder ab, wie gut sie sich auf die neue Situation einstellen können. Den meisten Einfluss auf die Befindlichkeit der Kinder hat auch nach der Trennung das Verhalten der Eltern (→ Kap.1, „Wie sich die Kinder fühlen").

Eltern können viel dafür tun, dass es ihrem Kind nach der Trennung gut geht.

Kinder brauchen Eltern, die bereit sind, sich auf ihre neue Lebenssituation einzustellen und etwas Positives daraus zu machen. Sie benötigen Eltern, die sie aus den Problemen der Erwachsenen konsequent heraushalten. Kinder, deren Eltern nach einer Trennung eine positive Elternbeziehung aufrechterhalten, sind emotional deutlich weniger belastet als Kinder, deren Eltern eine negative Beziehung zum Ex-Partner haben (Schneewind 2010; → Kap.6, „Die innere Haltung zum anderen Elternteil"; „Elternkooperation").

So sieht der neue Alltag aus

Einige Zeit nach der Trennung haben sich die ersten Wogen geglättet. Eltern und Kinder gewöhnen sich langsam an den neuen Alltag. Es ist allerdings weiterhin wichtig, mögliche Reaktionen von Kindern auf die neue Lebenssituation im Auge zu behalten. Durch gemeinsame Absprachen sollten Eltern die Erziehung und den Kontakt des Kindes zu beiden Eltern regeln.

6

Mögliche Reaktionen von Kindern auf die veränderte Situation – zwischen Regression und Wutanfällen

Untersuchungen zeigen, dass ungefähr die Hälfte der Kinder nach der Trennung ihrer Eltern Belastungssymptome zeigt und dass jüngere Kinder stärker betroffen sind als ältere Kinder (Hetherington / Kelly 2003; Schmidt-Denter 2000). Im Laufe der Zeit lassen die Auffälligkeiten bei den meisten Kindern nach. Kinder können nach einer Trennung Gefühle von Trauer, Angst, Wut und Schuldgefühlen haben und diese auf ganz unterschiedliche Weise zeigen (Figdor 1994). Einige Kinder zeigen vermehrt Trauer, andere eher ihren Zorn über das, was die Eltern ihnen zumuten. Sehr junge Kinder sind in erster Linie verunsichert, wenn sich ihr gewohnter Lebensrhythmus ändert und ihre Bezugspersonen ein anderes Verhalten zeigen als zuvor. Geschwister reagieren häufig ganz unterschiedlich auf die veränderte Situation (Schmidt-Denter 2000).

Viele Kinder zeigen nach der Trennung Belastungssymptome.

Eltern sollten in der neuen Lebenssituation nicht nur mit sich, sondern auch mit ihren Kindern nachsichtig sein. Sie sollten ihre Kinder nicht überfordern, indem sie sehr schnell wieder ein normales Verhalten von ihnen erwarten. Sie sollten ihren Kindern zugestehen, traurig, ängstlich oder wütend zu sein und sollten das Verhalten ihrer Kinder keinesfalls persönlich nehmen. Auch tun Eltern gut daran, nicht alle auffälligen Verhaltensweisen ihrer Kinder auf die Trennungssituation zurückzuführen. Manche Verhaltensweisen sind ganz einfach typisch für Kinder eines bestimmten Alters, unabhängig davon, ob ihre Eltern getrennt sind oder nicht. Andere Verhaltensweisen ändern sich wieder, wenn die Eltern aufmerksam sind und ihren Kindern das geben, was ihnen im Moment offensichtlich fehlt, z.B. gezielte Zuwendung, körperliche Nähe oder klare Strukturen im Tagesablauf.

So können Kinder auf die Trennung reagieren

▶ Säuglinge und Kleinkinder können unruhig wirken und häufig weinen, sie können Schlafstörungen haben und die Nahrungsaufnahme verweigern. Kleinkinder können ein verstärktes Trotzverhalten zeigen und können nach dem Auszug eines Elternteils Angst haben, auch noch den anderen Elternteil zu verlieren. Mögliche Verlustängste zeigen sie durch das ständige Suchen von Körperkontakt und Protest, wenn sich die Bezugsperson entfernt.

▶ 3- bis 5-jährige Kinder können Gefühle von Trauer, Schmerz, Angst und Wut in Form von körperlichen Symptomen wie Appetitlosigkeit oder Bauch- und Kopfschmerzen zeigen. Sie können auch in ihrer Entwicklung zurückfallen oder stagnieren, indem sie weniger oder schlechter als zuvor sprechen, indem sie wieder einnässen oder einkoten. Im Kindergarten und Zuhause können sie durch ein ruhiges und in sich gekehrtes Verhalten auffallen oder durch vermehrte Aggressionen im Umgang mit Freunden und Geschwistern. Da Kinder in diesem Alter sehr ichbezogen sind und sich selbst als Mittelpunkt des Weltgeschehens sehen, geben sie sich mitunter auch die Schuld oder Mitschuld an der Trennung der Eltern. Sie können davon überzeugt sein, dass der Vater ausgezogen ist, weil sie ihre Spielsachen immer im Flur haben liegen lassen oder dass die Mutter nicht mehr bei ihnen ist, weil sich die Eltern ihretwegen ständig gestritten haben.

▶ Im Schulalter können Kinder unter psychosomatischen Symptomen wie Bauch- und Kopfschmerzen oder häufiger Müdigkeit leiden. Sie wollen es beiden Eltern Recht machen und verstricken sich schnell in einen unlösbaren Loyalitätskonflikt, wenn die Eltern von ihnen eine Parteinahme fordern. Häufig bringen sie beiden Eltern ambivalente Gefühle entgegen. Sie können in der Schule durch Konzentrationsprobleme und einen Leistungsabfall auffallen, sie können ihre Freundschaften vernachlässigen, ständig Streit suchen und mit allem unzufrieden sein oder sich überangepasst verhalten und sich häufig in ihr Zimmer zurückziehen (Balloff 2004; Schneewind 2010; Staub / Felder 2004).

Kinder, die auf die Trennung ihrer Eltern mit vermehrter Anhänglichkeit reagieren, benötigen viel körperliche Nähe, damit sie sich wieder sicher fühlen und wieder unabhängiger werden können. Kinder, die traurig sind, brauchen in erster Linie Zuwendung und Trost. Wenn Kinder nach der Trennung sehr starke Verhaltensauffälligkeiten zeigen, sollten sich Eltern nicht scheuen, eine Erziehungsberatungsstelle aufzusuchen, um sich dort Hilfe zu holen.

Eltern können sich bei einer Erziehungsberatungsstelle Hilfe holen.

Viele Eltern, die mit ihrem Kind im Alltag zusammenleben, machen die Erfahrung, dass ihr Kind besonders nach einem Besuch beim anderen Elternteil ein auffälliges Verhalten zeigt. Manche Kinder ziehen sich nach einem Besuchswochenende still zurück und wollen gar nicht angesprochen werden, andere Kinder verhalten sich unkooperativ und bekommen aus nichtigem Anlass einen Wutausbruch, so wie Leon im nachfolgenden Beispiel.

Beispiel

Leon, 5 Jahre alt, und sein Vater laufen durch das Treppenhaus zur Wohnung der Mutter. Leon klingelt. Als die Mutter öffnet, begrüßt Leon die Mutter fröhlich und lässt sich von ihr umarmen. Die Eltern begrüßen sich kurz und der Vater berichtet, dass er und Leon den Nachmittag im Schwimmbad verbracht hätten. Schließlich verabschiedet sich der Vater. Als die Mutter die Wohnungstür schließt, fragt sie Leon, ob es im Schwimmbad schön gewesen sei. Leon reagiert mit einem einsilbigen „ja". Als die Mutter Näheres erfahren möchte, schweigt er. Er steht unschlüssig da und sieht sich um. Die Mutter bemerkt die Eisflecken auf Leons T-Shirt. Sie zieht

ihm das schmutzige T-Shirt aus und ein sauberes an. Dann packt sie seine Reisetasche aus. Dabei erklärt sie, dass es gleich Abendessen geben werde. Leon wirkt immer noch unentschlossen. Er macht ein paar Schritte Richtung Kinderzimmer, dann läuft er hinter seiner Mutter her und äußert weinerlich, dass er Hunger habe und sofort Pudding essen wolle. Die Mutter erklärt ihm ruhig, dass er vor dem Abendessen keinen Pudding mehr bekomme, dass er aber nach dem Abendessen etwas Süßes essen könne. Sie geht in die Küche, um das Abendessen vorzubereiten. Leon schimpft und wiederholt seinen Wunsch noch mehrmals. Als seine

Mutter nicht mehr reagiert, wirft sich Leon auf den Boden, schreit laut und schlägt um sich. Die Mutter geht zu ihm und versucht ihn zu beruhigen. Als Leon die Mutter am Arm trifft, schreit sie ihn an und trägt ihn ins Kinderzimmer. Sie schließt von außen die Tür und kämpft mit ihren Tränen. Währenddessen schmeißt Leon seine Spielsachen durch das Zimmer. Die Mutter bleibt noch einige Zeit vor der Tür stehen. Als es im Zimmer ruhiger wird, geht sie wieder in die Küche und deckt den Tisch. Als Leon schließlich zum Essen kommt, hat er seinen Schlafbär im Arm und möchte von der Mutter gefüttert werden.

Solche Situationen stellen hohe Anforderungen an das Einfühlungsvermögen und die Geduld der Eltern. Kinder sind gestresst und traurig, wenn sie von einem Besuch beim getrennt lebenden Elternteil zurückkehren. Sie werden aus dem Zusammensein mit diesem Elternteil herausgerissen, müssen sich von ihm verabschieden und wissen, dass sie ihn einige Zeit nicht sehen können. Sie spüren die Spannungen, die in der Luft liegen, wenn sich ihre Eltern bei der Übergabe gegenüber stehen und haben Angst, dass ihre Eltern gleich wieder streiten werden. Sie fragen sich, ob sich Zuhause in ihrer Abwesenheit etwas verändert hat und haben noch keine Idee, was sie jetzt mit sich anfangen sollen. Säuglinge und Kleinkinder können die Situation mit ihrem Verstand noch nicht erfassen. Sie sind irritiert, dass die Bezugsperson und die räumliche Umgebung schon wieder gewechselt haben und brauchen Zeit, sich darauf einzustellen. Eltern müssen nach und nach herausfinden, was ihren Kindern in einer solchen Situation dabei helfen kann, wieder Zuhause anzukommen. Sie sollten ihren Kindern Zeit geben und nicht erwarten, dass sie sich sofort reibungslos in den normalen Tagesablauf einfügen. Eltern müssen sich auch keine Sorgen machen, dass ihr Kind sie jetzt nicht mehr gern hat. Sie

Nach einem Besuch beim getrennt lebenden Elternteil ist es wichtig, verständnisvoll auf die Bedürfnisse des Kindes einzugehen.

müssen aber verstehen, dass es für ihr Kind schmerzhaft ist, sich wieder von dem anderen Elternteil zu trennen.

Je jünger die Kinder sind, desto mehr benötigen sie in dieser Situation den direkten Körperkontakt mit dem Elternteil, zu dem sie zurückkehren. Sie fühlen sich wohl, wenn sie auf den Arm genommen werden oder auf dem Schoß sitzen können und dort Zeit haben, sich wieder an den anderen Elternteil und die andere Umgebung zu gewöhnen. Älteren Kindern kann es helfen, wenn ihre Spielsachen in ihrer Abwesenheit nicht aufgeräumt wurden und ihr Blick bei der Rückkehr auf das fällt, womit sie zuletzt gespielt haben. Es tut ihnen gut, wenn sich die Mutter oder der Vater Zeit nimmt, sich mit dem Kind auf das Sofa zu setzen, um ein Buch zu lesen oder im Kinderzimmer zusammen mit dem Kind die Eisenbahn oder das Puppenhaus in Augenschein zu nehmen. Auch Leon könnte es nach dem nächsten Besuchswochenende helfen, wenn die Mutter erst einmal mit ihm spielt oder ein Buch liest. Den meisten Kindern bereitet es bei ihrer Rückkehr keine Freude, auf Fragen nach dem Besuch beim anderen Elternteil zu antworten. Sie erzählen lieber von sich aus etwas darüber, wenn ihnen später der Sinn danach ist. Die meisten Kinder erleben es auch als sehr lästig, wenn ihnen bei ihrer Rückkehr sofort die Kleidung gewechselt wird. Es stört sie nicht, wenn sie ein schmutziges T-Shirt anhaben. Mit dem Wechseln der Kleidung sollten Eltern nach Möglichkeit noch eine halbe Stunde warten oder ganz darauf verzichten. Sonst vermitteln sie ihren Kindern, dass die Spuren des Zusammenseins mit dem anderen Elternteil möglichst schnell beseitigt werden sollen.

Tipp

Was Eltern hilft:

→ *Eltern sollten sich immer wieder klar machen, dass das veränderte Verhalten ihrer Kinder nach einem Besuch nachvollziehbar ist, dass der andere Elternteil nicht dafür verantwortlich ist und dass Kinder mit der Unterstützung ihrer Eltern lernen können, den Wechsel von einem zum anderen Elternteil besser zu bewältigen.*

→ *Eltern sollten davon ausgehen, dass ihre Kinder sie immer noch sehr gern haben, wenn sie nach einem Besuch zurückkommen. Kinder brauchen jedoch Zeit, sich wieder einzugewöhnen und sich zu vergewissern, dass auch ihre Eltern sie weiter lieben.*

Die innere Haltung zum anderen Elternteil – Respekt und Akzeptanz müssen wachsen

Nach der Trennung müssen Eltern ihre Rolle im Leben neu definieren. Sie haben oft Mühe, sich auch ohne Partner wertvoll und kompetent zu fühlen, ihr Leben in die Hand zu nehmen und neue Ziele zu entwickeln, die zu den eigenen Ansprüchen und äußeren Bedingungen passen. Viele sind gedanklich immer noch sehr stark mit ihrem Expartner beschäftigt. Während sie ihrer Arbeit nachgehen oder sich um ihre Kinder kümmern, fertigen sie in Gedanken lange Listen von Verhaltenweisen und Äußerungen ihres Expartners an, die sie gestört und verletzt haben. Sie führen in Gedanken Dialoge mit ihrem Expartner, in denen sie ihm oder ihr endlich die Meinung sagen und sie für das zur Verantwortung ziehen, was gerade schwierig ist oder schlecht läuft. So etwas ist ganz normal und kann dabei helfen, sich emotional vom früheren Partner zu lösen. Eine Lösung für die eigenen Probleme ist es langfristig je-

> **Das Ende der Partnerschaft zu akzeptieren hilft, sich für Neues zu öffnen.**

doch nicht. Nach einer Trennung stehen beide Partner früher oder später vor der Aufgabe, sich mit dem Ende der Partnerschaft zu versöhnen, wenn sie ihre eigene Weiterentwicklung und eine nächste Partnerschaft nicht unnötig belasten wollen (Hetherington / Kelly 2003; Ochs / Orban 2008).

Paare mit gemeinsamen Kindern stehen nach der Trennung dazu noch vor der Herausforderung, den früheren Partner in seiner Rolle als Vater oder Mutter zu akzeptieren und nach Möglichkeit auch wertzuschätzen. Eltern, die ein überwiegend negatives Bild von ihrem früheren Partner haben, kommen oft schlecht damit zurecht, dass ihre Kinder beim anderen Elternteil leben oder diesen regelmäßig besuchen. Sie sehen den anderen als Störfaktor im eigenen Leben und in dem der Kinder oder so-

Fünf Beziehungsstile von Eltern nach der Trennung

1. Die perfekten Kumpel: Die Eltern wollen auch ohne Beziehung Freunde bleiben und kommen freundschaftlich miteinander aus. Es fällt ihnen leicht, die anstehenden Fragen zu klären.

2. Kooperative Kollegen: Die Eltern bringen dem jeweils anderen neutrale bzw. positive Gefühle entgegen, betrachten sich aber nicht als gute Freunde. Sie sind in der Lage, als Eltern zu kooperieren.

3. Verstimmte Partner: Die Eltern bringen dem jeweils anderen überwiegend Gefühle von Ärger und Groll entgegen. Es fällt ihnen schwer, Absprachen zu treffen und ihre Kinder gemeinsam zu erziehen.

4. Wütende Feinde: Die Eltern sind aufeinander wütend und sehen den anderen als Feind. Sie haben ständig vor Augen, was in der Vergangenheit schlecht gelaufen ist und haben positive Erinnerungen verdrängt. Es gelingt ihnen nicht, Absprachen bezüglich ihrer Kinder zu treffen und ihre Kinder gemeinsam zu erziehen. Sie tragen wiederholt Rechtsstreitigkeiten aus.

5. Aufgelöste Duos: Die Eltern haben jeden Kontakt miteinander abgebrochen. Einer von beiden zieht weg oder verschwindet ganz aus dem Leben des anderen (→ Kap. 9, „Der Kontakt zum getrennt lebenden Elternteil bricht ab"). (Kaslow 2001)

gar als Gefahr für die weitere Entwicklung ihrer Kinder. Sie suchen ständig nach Möglichkeiten, dem anderen ein Fehlverhalten nachzuweisen und führen alle Auffälligkeiten ihrer Kinder sofort auf den anderen Elternteil zurück.

Kinder nehmen sehr sensibel wahr, wie es ihren Eltern geht und welche Einstellung sie zu ihrem Ex-Partner haben. Sie können die Gefühle ihrer Eltern nicht nur durch das erfassen, was die Eltern sagen, sondern auch durch das nonverbale Verhalten ihrer Eltern, wie z.B. ihre Mimik und Gestik, ihre Stimmlage und ihre Körperhaltung (→ Kap. 6, „Eltern beeinflussen ihre Kinder"). Eltern, die von ihrem Ex-Partner gerade sehr verletzt wurden, benötigen sehr viel Selbstdisziplin, um ihre negativen Gefühle vor den Kindern im Zaum zu halten. Wenn ihnen diese schwere Aufgabe gelingt, leisten sie einen sehr großen Beitrag dazu, dass sich ihre Kinder gut an die neue Lebenssituation anpassen können und sich positiv weiterentwickeln. Untersuchungen zur Auswirkung von Trennung und Scheidung zeigen einheitlich, dass es für die Entwicklung der Kinder ein großer Risikofaktor ist, wenn sie durch abwertende Äußerungen über den anderen Elternteil oder als Zeugen elterlicher Auseinandersetzungen immer wieder mit den elterlichen Spannungen konfrontiert werden (Balloff 2004; Hetherington / Kelly 2003; Ochs / Orban 2008; Walper / Gerhard 2003).

Tipp

→ *Halten Sie Ihr Kind aus Ihren Streitigkeiten heraus!*

Kinder, die den Streit ihrer Eltern häufig miterleben müssen, können psychosomatische Symptome und Verhaltensauffälligkeiten entwickeln (→ Kap. 6, „So können Kinder auf die Trennung reagieren"). Ältere Kinder können sich auch dazu veranlasst sehen, zwischen ihren Eltern zu vermitteln. Da Kinder die Streitigkeiten ihrer Eltern nicht lösen können – das können nur die Eltern selbst – fühlen sie sich schnell überfordert und machtlos, was einen sehr negativen Einfluss auf ihr Selbstwertgefühl haben kann (→ Kap. 1, „Wie sich die Kinder fühlen"). Wenn die Streitigkeiten der Eltern von den Kindern als zu große Belastung empfunden werden, können sie sich schließlich auch aus dem Kontakt zum getrennt lebenden Elternteil zurückziehen (→ Kap. 6, „Das Kind verweigert die Besuche beim anderen Elternteil").

Risiko- und Schutzfaktoren für die Entwicklung von Kindern

Die Entwicklung von Kindern vollzieht sich über die Bewältigung einer Vielzahl von alterstypischen Aufgaben. Ungünstige Voraussetzungen (Risikofaktoren) im Leben des Kindes können die Bewältigung wichtiger Entwicklungsschritte beeinträchtigen und verhindern, dass das Kind zukünftigen Anforderungen gerecht werden kann. Zu den Risikofaktoren zählen u. a. ein niedriger sozioökonomischer Status der Familie, eine psychische Störung oder schwere Erkrankung eines Elternteils oder beider Eltern, unsichere Bindung (→ Kap. 2, „Die Entwicklung der Eltern-Kind-Beziehung"), häufig wechselnde Bezugspersonen des Kindes in den ersten Lebensjahren, chronische familiäre Disharmonie sowie Trennung und Scheidung der Eltern. Liegen mehrere Risikofaktoren vor, ist die Wahrscheinlichkeit dafür, dass die kindliche Entwicklung beeinträchtigt wird, um ein Vielfaches erhöht. Die negative Wirkung der Risikofaktoren kann durch Schutzfaktoren abgeschwächt oder sogar ausgeglichen werden. Zu den Schutzfaktoren zählen auf Seiten des Kindes u. a. eine sichere Bindung, die dauerhafte gute Beziehung zu mindestens einer primären Bezugsperson, ein aktives und kontaktfreudiges Temperament, eine geringe Irritierbarkeit und die Erfahrung von Selbstwirksamkeit (Egle / Hardt 2005).

Kinder zeigen nach der Trennung weniger Belastungssymptome, wenn

▶ der betreuende Elternteil eine positive Haltung zum getrennt lebenden Elternteil hat und davon ausgeht, dass dieser dem Kind gefühlsmäßig das geben kann, was es braucht,

▶ der betreuende Elternteil das Kind angstfrei zum getrennt lebenden Elternteil lässt,

▶ der getrennt lebende Elternteil mit der getroffenen Aufenthaltsregelung zufrieden ist (Schmidt-Denter 2000).

Eltern müssen nach der Trennung keine Freunde sein, um für ihre Kinder gute Lebensbedingungen zu schaffen. Sie müssen sich als Personen und auch in ihrer Rolle als Eltern aber gegenseitig respektieren. Sie müssen akzeptieren, dass ihr Kind den anderen Elternteil genauso gern hat und dass die Trennung der Eltern, egal, von wem sie ausgegangen ist, die Liebe ihres Kindes zum anderen Elternteil nicht geschmälert oder beendet hat. Getrennt lebende Eltern müssen auch damit zurechtkommen, dass der andere Elternteil andere Erziehungsvorstellungen hat und anders mit den Kindern umgeht als sie selbst (→ Kap. 6, „Erziehung – beide Elternteile erziehen"). Auch wenn es für Eltern im ersten Moment eine Genugtuung sein kann, dem anderen Elternteil nach einer Trennung das Leben schwer zu machen und ihm Steine in den Weg zu legen, sei es im Hinblick auf den Kontakt zu den Kindern oder auf finanzielle Belange, müssen sich Eltern eines immer wieder vor Augen halten: Es fördert letztlich die positive Entwicklung ihrer Kinder, wenn auch der andere Elternteil nach einer Trennung zufrieden leben kann.

Nicht alle Eltern schaffen es, im Laufe der Zeit eine derart positive Einstellung zu entwickeln. Manche Eltern sehen sich jahrelang als Opfer des anderen. Sie äußern immer wieder vor ihrem Kind, wie schlecht der andere Elternteil ist und wollen so erreichen, dass ihr Kind den anderen ebenfalls mit kritischen Augen sieht. Kinder sprechen das, was sie von ihren Eltern erfahren, häufig an, wenn sie sich beim anderen Elternteil aufhalten. Dahinter steckt das Bedürfnis der Kinder, ihre Eltern und ihre ganze Lebenssituation besser zu verstehen. Für den betroffenen Elternteil ist es nur schwer auszuhalten, wenn er von seinem Kind immer wieder mit den Sichtweisen des anderen Elternteils konfrontiert wird und den Eindruck hat, dass der andere die Wahrheit auf den Kopf stellt. Viele Eltern haben das Bedürfnis, sich vor ihrem Kind zu rechtfertigen. Sie wollen ihrem Kind z. B. erklären, dass sie sehr wohl ausreichend Unterhalt bezahlen und dass das Auto von ihnen nicht gestohlen wurde, sondern ihnen im Zuge der Verteilung des Hausrats (→ Kap. 4, „Der Hausrat") zugesprochen wurde. Es ist verständlich, dass Eltern ihr Kind in einer solchen Situation aufklären wollen. Eltern müssen aber erkennen, dass sie ihr Kind auf diese Weise zusätzlich belasten. Wenn nicht nur ein Elternteil sondern beide immer wieder auf das Kind einreden und mit den elterlichen Streitigkeiten konfrontieren, steigt die seelische Belastung für die betroffenen Kinder weiter an. Kinder werden dann noch mehr verwirrt und verbringen noch mehr Zeit damit, sich mit den Konflikten ihrer Eltern zu beschäftigen. Daher sollten Eltern genau abwägen, wann es erforderlich ist, ihrem Kind die eigene Sichtweise von Wahrheit darzulegen und wann es besser ist, ihr Kind darauf hinzuweisen, dass das allein die Eltern etwas angeht, auch wenn der andere Elternteil das offensichtlich anders sieht. Eltern sollten sich immer wieder in Erinnerung rufen, dass ihr Kind im Kontakt mit ihnen die beste Möglichkeit hat, festzustellen, wer sie als Person und als Elternteil wirklich sind.

Tipp

→ *Machen Sie sich klar: Sie sind von Ihrem Expartner getrennt, Ihr Kind hat jedoch den Wunsch und das Recht darauf, den anderen Elternteil weiter zu lieben und mit ihm zusammen zu sein.*

→ *Auch wenn es Ihnen schwer fällt: Versuchen Sie herauszufinden, was Sie an Ihrem Ex-Partner früher geschätzt haben und was er in seiner Rolle als Elternteil gut gemacht hat. Überlegen Sie, ob es ernsthafte Gründe dafür gibt anzunehmen, dass die positiven Qualitäten Ihres Expartners einfach verschwunden sind.*

→ *Prüfen Sie immer dann, wenn Sie Ihren Ex-Partner für Auffälligkeiten des Kindes verantwortlich machen, ob es auch eine andere plausible Erklärung für das Verhalten Ihres Kindes gibt und ob Sie etwas dazu beitragen kön-nen, dass es Ihrem Kind besser geht.*

→ *Sprechen Sie mit einer vertrauten Person über Ihre Gedanken und Gefühle. Das kann Ihnen helfen, den Blick auf Ihre Situation zu verändern und zu sehen, welchen Beitrag Sie zu einer Verbesserung leisten können. Wenn Sie immer wieder von negativen Gefühlen für Ihren Ex-Partner überwältigt werden und vor Ihrem Kind immer wieder negativ über den anderen Eltern-teil sprechen, suchen Sie eine psychologische Beratung auf. Versuchen Sie mit professioneller Unterstützung, den Trennungsschmerz zu bewältigen und sich mit der Vergangenheit zu versöhnen.*

→ *Halten Sie sich gegenüber Ihrem Kind zurück, wenn Ihr Kind Ihnen immer wieder erzählt, was der andere Elternteil über Sie denkt. Belasten Sie Ihr Kind möglichst selten mit einer Gegendarstellung. Sagen Sie Ihrem Kind immer wieder, dass diese Themen nur die Eltern etwas angehen. Vertrauen Sie darauf, dass Sie durch Ihr Verhalten im Zusammensein mit Ihrem Kind viel Einfluss darauf haben, was Ihr Kind wirklich von Ihnen denkt.*

Elternkooperation – Austausch pflegen, Absprachen treffen und einhalten

Auch nach der Trennung müssen sich Eltern weiter austauschen und Regelungen treffen. Grundsätzliches muss geregelt werden, z.B. die Gestaltung der Besuchszeiten oder die Wahrnehmung von Arztterminen und Elternabenden. Eltern sollten sich aber auch regelmäßig über ihr Kind austauschen und sich gegenseitig darüber informieren, ob Besonderheiten aufgetreten sind. Gerade jüngere Kinder bis zum Ende des Kindergartenalters können sich selbst nicht so gut mitteilen und sind darauf angewiesen, dass sich die Eltern gegenseitig wichtige Informationen über ihr Kind geben.

Checkliste

Was nach der Trennung grundsätzlich geregelt werden muss

○ *Wie häufig und in welcher Form soll das Kind zum getrennt lebenden Elternteil Kontakt haben? Gibt es feste Besuchszeiten oder sprechen die Eltern Besuche flexibel ab? Wie werden die Wechsel von einem zum anderen Elternteil durchgeführt? Wer trägt die Kosten?*

○ *Wie sollen die Ferien, Feiertage und Geburtstage aufgeteilt werden?*

○ *Wie werden Ersatztermine gefunden, wenn ein Besuch ausfallen muss?*

○ *Wenn die Besuchsregelung nach flexiblen Absprachen erfolgen soll, wie kurzfristig kann die Absprache erfolgen bzw. wie viele Tage vorher soll ein Besuch zwischen den Eltern vereinbart werden?*

○ *Wie lange halten sich Kinder im Rahmen des Wechselmodells bei einem Elternteil auf? Wie lange wird das Kind im Rahmen des Nestmodells am Stück von einem Elternteil betreut?*

○ Hat das Kind zwischen den Besuchen bzw. dann, wenn es sich bei einem Elternteil aufhält, Kontakt zum jeweils anderen Elternteil? Wenn ja, in welcher Form?

○ Hat das Kind bei jedem Elternteil ausreichend Spielsachen und Kleidung oder werden diese Dinge oder ein Teil davon (wenn ja, welcher) hin- und hertransportiert?

○ Wie werden Schulnoten / Zeugnisse weitergegeben? Wer besucht die Elternabende von Kindergarten und Schule? Wer nimmt Arzttermine wahr?

○ Wie kann die Erreichbarkeit des anderen Elternteils in Notfällen sichergestellt werden?

○ Welche Entscheidungen, die ihr Kind betreffen, wollen die Eltern in Zukunft allein treffen und welche sollen gemeinsam getroffen werden?

○ In welcher Form werden sich die Eltern über ihr Kind austauschen und anstehende Fragen klären? In welchen zeitlichen Abständen sollen Informations- und Klärungsgespräche stattfinden?

Die Auflistung macht deutlich, dass Eltern im Interesse ihrer Kinder vieles regeln müssen, um ständige Missverständnisse und Konflikte über Einzelfragen zu vermeiden. Eltern sollten es nicht darauf ankommen lassen, dass sich wichtige Dinge von allein regeln, sondern sollten durch verbindliche Absprachen dazu beitragen, dass die nächsten Wochen und Monate möglichst reibungslos verlaufen können. Die „Sieben Schritte zu einer guten Kommunikation" (→ Kap. 3, „Die sieben Schritte zu einer guten Kommunikation") können Eltern auch nach der Trennung helfen, sich konstruktiv auszutauschen und strittige Fragen zu klären. Die Übergabe der Kinder ist kein geeigneter Zeitpunkt um Grundsätzliches zu klären, da Kinder bei solchen Gesprächen nicht anwesend sein sollten und bei einer Übergabe nicht die erforderliche Ruhe und Zeit vorhanden ist.

Die Übergaben können dafür genutzt werden, sich über das Kind bzw. die Kinder auszutauschen. Hierzu sollten sich die Eltern bewusst Zeit nehmen, entweder vor der Wohnungstür oder vielleicht sogar bei einer Tasse Kaffee in der Küche oder im Wohnzimmer. Über manches sollten sich Eltern schon vor der Übergabe informieren, z.B. ob am Besuchswochenende ein Termin ansteht (Einladung zum Kindergeburtstag, Sommerfest etc.) oder ob die Kinder für den Besuch besondere Kleidung benötigen, weil eine Familienfeier stattfinden wird. Nur wenn der

Checkliste

Worüber sich die Eltern nach der Trennung regelmäßig austauschen sollten

○ *Wie geht es dem Kind zurzeit? Womit spielt es gern, was isst es gern?*

○ *Bei jüngeren Kindern: Wann hat das Kind zuletzt geschlafen, getrunken, gegessen? Wann wurde das Kind zuletzt gewickelt? Was hat das Kind Neues gelernt? Wie schläft es zurzeit?*

○ *Bei älteren Kindern: Wie geht es dem Kind im Kindergarten oder der Schule? Welche Freunde hat es?*

○ *Ist das Kind mit einem Freund oder einer Freundin verabredet, ist es auf einem Kindergeburtstag eingeladen?*

○ *Muss das Kind über das Wochenende noch Hausaufgaben erledigen oder für eine Klassenarbeit lernen?*

○ *Gab es seit dem letzten Besuch bzw. während des Besuchs besondere Vorkommnisse, die das Kind betreffen? Hat das Kind wegen irgendetwas Kummer? War das Kind krank oder hatte es einen Unfall? Benötigt es besondere Medikamente oder sind Arztbesuche erforderlich?*

○ *Gibt es wichtige Termine, die beide Eltern wahrnehmen sollten? Steht ein Elternabend oder Fest in Kindergarten, Schule oder Verein an?*

andere Elternteil frühzeitig informiert wird, hat er die Möglichkeit, sich auf besondere Umstände einzustellen.

Wenn Eltern nicht dazu in der Lage sind, bei der Übergabe auf sachliche Weise Informationen auszutauschen, können sie auch ein Elternheft führen. Das ist ein zunächst leeres Heft, in das der Elternteil, bei dem das Kind gerade ist, wichtige Informationen über das Kind hineinschreibt. Die Eltern sollten sich zuvor darüber einigen, welche Informationen dem anderen auf diese Weise mitgeteilt werden sollen. Das Elternheft sollte bei den Übergaben des Kindes vom einen Elternteil an den anderen übergeben werden. In das Elternheft gehören nur Informationen über das Kind oder über wichtige Termine. Vorwürfe an den anderen Elternteil oder neue Regelungen, die von einem einseitig beschlossen wurden, ohne den anderen zuvor zu fragen, gehören nicht in das Elternheft und belasten die Atmosphäre zwischen den Eltern.

Eltern können mit einem „Elternheft" oder per E-Mail miteinander kommunizieren.

Auch ein Austausch per E-Mail ist möglich. Eine E-Mail sollte den Elternteil, zu dem das Kind kommt, jedoch vor der Übergabe erreichen und von ihm gelesen werden können.

Unter www.umgangskalender.de haben Eltern gegen eine monatliche Gebühr z. B. die Möglichkeit, Absprachen bezüglich der Besuchsregelung online zu treffen und alle wichtigen Termine ihres Kindes dem anderen Elternteil online zur Verfügung zu stellen.

Eltern sollten es vermeiden, ihre Kinder als Postboten einzusetzen, indem sie ihren Kindern auftragen, dem anderen Elternteil etwas zu sagen oder ihm einen Zettel mit Informationen auszuhändigen. Kinder fühlen sich in der Rolle des Postboten sehr unwohl. Wenn sie Informationen weiterleiten, die für den Empfänger negativ sind, geraten sie mitten in den Streit der Eltern. Sie bekommen den Ärger oder Kummer, der durch die überbrachte Botschaft beim anderen Elternteil ausgelöst wird, hautnah mit, und geraten in Gewissens- und Loyalitätskonflikte.

Kinder sollten keine Nachrichten zwischen den Eltern vermitteln.

Absprachen einhalten

Absprachen zu treffen, die wichtige Interessen und Bedürfnisse aller Beteiligten erfüllen, ist der erste Schritt. Der zweite und ebenso wichtige Schritt ist es, Vereinbarungen verbindlich einzuhalten. Werden Vereinbarungen nicht eingehalten, z. B. weil Eltern ihre Kinder immer wieder zu spät abholen oder zurückbringen, weil sie notwendige Kleidung zu den Besuchen nicht mitgeben oder Kleidung entgegen der Absprache nach einem Besuch einfach einbehalten, führt das unweigerlich zu Spannungen, die sich häufig bei den Übergaben der Kinder entladen. Kinder, deren Eltern sich nicht an Absprachen halten, haben es schwer, sich vor einer Übergabe auf den anderen Elternteil zu freuen. Sie ahnen, dass es gleich wieder Streit zwischen ihren Eltern geben wird. Derjenige Elternteil, der sich darüber ärgert, dass eine Vereinbarung nicht eingehalten wird, sollte sich aus Liebe zu seinem Kind bemühen, seinen Ärger erst einmal „herunterzuschlucken". Er sollte das Thema besprechen, wenn das Kind nicht anwesend ist, also *nicht* bei der Übergabe. Damit entlasten Eltern ihre Kinder, weil sie ihnen nicht zumuten, Zeuge eines weiteren elterlichen Konflikts zu werden. Und sie entlasten die elterliche Beziehung. Es ist besser, mit einem klärenden Gespräch zu warten, bis der erste Ärger abgeklungen ist. Im Ärger kann man seinen Frust loswerden, aber kaum ein sachlich orientiertes Gespräch führen. Auch solche klärenden Gespräche sollten nach vorheri-

Getroffene Vereinbarungen verlässlich einzuhalten, vermeidet Spannungen.

ger Absprache ungestört und mit ausreichend Zeit geführt werden. Fünf Minuten zwischen zwei Besprechungen im Büro reichen aus, um sich gegenseitig ein paar Vorwürfe an den Kopf zu werfen. Um zu klären, was es für den einen Elternteil bedeutet, wenn der andere verabredete Zeiten nicht einhält und wie das in Zukunft anders laufen kann, brauchen Eltern jedoch mehr Zeit und mehr Ruhe.

Tipp

→ *Nehmen Sie nicht alles persönlich, was Ihr Ex-Partner tut!*

Ärger lässt sich gegebenenfalls vermeiden, wenn Eltern nicht alles, was der andere macht, persönlich nehmen. Viele Eltern kommen aus Nachlässigkeit unpünktlich oder weil sie ihre Zeitplanung einfach nicht in den Griff bekommen. Sie machen sich nicht so viele Gedanken darüber, wie sich der andere fühlen könnte und dass sich der andere womöglich Sorgen macht, wenn er auf die Kinder warten muss. Auch die Mutter, die von ihrem neuen Partner vor das Haus begleitet wird, um die Kinder zu übergeben, denkt nicht unbedingt darüber nach, dass ihr Ex-Partner immer noch sehr an ihr hängt und es kaum erträgt, einen anderen Mann an ihrer Seite zu sehen. Manchmal kann es dabei helfen, Konflikte zu vermeiden, wenn der eine Elternteil vom anderen nicht etwas verlangt, was auch schon vor der Trennung nicht funktioniert hat. War der Ex-Partner vor der Trennung häufig unpünktlich, wird er nach der Trennung aller Wahrscheinlichkeit nach auch nicht sehr pünktlich sein. Statt jede Minute, die das Kind zu spät abgeholt und zurückgebracht wird, auf die Goldwaage zu legen, könnte es sinnvoller sein, von vornherein eine viertel oder halbe Stunde Verspätung einzuplanen oder den anderen zu bitten, kurz anzurufen, wenn er von Zuhause losfährt, um so unnötige Sorgen zu vermeiden.

Kinder sagen oft nur die halbe Wahrheit

Kinder passen sich in dem, was sie äußern, häufig ihren Eltern an. Sie spüren schnell, was ihre Eltern hören wollen und was nicht und äußern sich dementsprechend (→ Kap. 6, „Eltern beeinflussen ihre Kinder"). Wenn die Eltern über den weiteren Aufenthalt des Kindes streiten, kann es gut sein, dass das Kind am Besuchswochenende bei der Mutter äußert, es wolle gern bei ihr wohnen. Wenn es dann zum Vater zurückkehrt, teilt es dagegen mit, es wolle weiter bei ihm wohnen. Kinder bestärken auf diese Weise ihre Eltern in deren Sichtweisen. Das kann den Streit der Eltern noch anheizen, weil beide Eltern davon ausgehen, dass sie im Interesse ihres Kindes handeln, wenn sie sich für das eine oder andere einsetzen. Manchmal schüren Kinder den Streit ihrer Eltern auch, indem sie bei einem Elternteil nicht alles erzählen, was sich beim anderen zugetragen hat. Sie erzählen nur den Teil des Geschehens, der ihnen im Moment wichtig erscheint. Sie machen das nicht mit Absicht und auch nicht, um ihre Eltern dazu zu bringen, sich zu streiten. Sie machen das einfach nur, weil sie Kinder sind und weil es im Übrigen auch sehr menschlich ist, nur einen Teil der Wahrheit zu beleuchten.

Beispiel

Anna und Paul, sechs und acht Jahre alt, kommen gerade von einem Besuchswochenende bei der Mutter nach Hause und haben Hunger. Ihr Vater wundert sich, weil es schon 19.30 Uhr ist und er davon ausgeht, dass die Kinder bei der Mutter zu Abend gegessen haben, wenn sie so spät kommen. Das haben die Eltern vor einigen Wochen vereinbart. Der Vater fragt seine Kinder, ob sie bei der Mutter etwas gegessen hätten. Anna schüttelt den Kopf und Paul erklärt: „Keine Zeit, wir waren auf dem Abenteuerspielplatz." Der Vater ist sehr aufgebracht. Er kann nicht fassen, dass seine Ex-Partnerin nur wenige Wochen nach dem letzten Gespräch alles ignoriert, was sie vereinbart haben. Er reißt sich vor den Kindern jedoch zusammen und macht ihnen ein Brot.

Als Anna und Paul essen, geht er ins Wohnzimmer und ruft die Mutter auf dem Handy an. Kaum hat die Mutter abgehoben, wirft der Vater ihr mit lauter Stimme vor, dass sie eine verantwortungslose Mutter sei und kündigt an, dass sie die Kinder das nächste Mal früher nach Hause bringen müsse, da sie es ja offensichtlich nicht schaffe, den Kindern etwas zu essen zu geben. Die Mutter fühlt sich überrumpelt. Aber sie fängt sich schnell und entgegnet ihrem Ex-Partner, er sei nur neidisch darauf, dass die Kinder mit ihr eine schöne Zeit verbringen. Dann legt sie noch nach und verkündet, dass er den von ihm vorgeschlagenen Tausch des nächsten Besuchswochenendes jetzt vergessen könne.

Ein solcher Schlagabtausch ist für beide Eltern sehr verletzend und führt nur dazu, die Atmosphäre zu vergiften und die Kooperationsbereitschaft der Eltern nach und nach zu verringern. Wenn ein Elternteil den anderen angreift, wehrt sich dieser und holt zum Gegenschlag aus. Ein sachliches, lösungsorientiertes Gespräch ist dann kaum mehr möglich. Erzählen Kinder dem einen Elternteil etwas über den anderen und dessen Verhalten, was den Zuhörenden ärgerlich macht, sollten Eltern immer bereit sein, den anderen Elternteil um Aufklärung zu bitten und nachzufragen, wie sich etwas aus Sicht des anderen Elternteils zugetragen hat. Vor einer Trennung praktizieren Eltern so etwas häufig, z. B. wenn ihr Kind zu Hause erklärt, es werde jetzt fernsehen, der Papa oder die Mama habe es erlaubt. Dabei haben die Eltern mit dem Kind beim Frühstück verabredet, dass heute nicht ferngesehen wird, weil das Kind noch Hausaufgaben machen muss. Viele Eltern fragen in einer solchen Situation den anderen Elternteil, ob es stimmt, was das Kind gerade erzählt hat. Häufig werden sie feststellen, dass die Aussage des anderen Elternteils zu diesem Thema doch etwas

> **Manchmal ist es nötig, Aussagen von Kindern im Gespräch mit dem anderen Elternteil zu hinterfragen.**

anders gelautet hat und sind froh darüber, dass sie nachgefragt haben und sich von ihrem Kind nicht aufs Glatteis haben führen lassen.

Eltern sollten das, was ihre Kinder ihnen vom anderen Elternteil und dessen Verhalten erzählen, hinterfragen, indem sie den anderen Elternteil in einem ruhigen Gespräch darum bitten, seine Sicht der Dinge darzulegen. Der Vater von Anna und Paul könnte seine Kinder noch in Ruhe ins Bett bringen und die Mutter erst anrufen, wenn auch sie zu Hause ist und sich auf das Gespräch konzentrieren kann. Er könnte die Mutter fragen, wie der Nachmittag verlaufen sei und die Mutter könnte ihm erklären, dass sie auf dem Spielplatz gewesen seien, der Anna und Paul so gut gefalle. Der Vater könnte darauf zu sprechen kommen, dass beide Kinder beim Nachhausekommen Hunger gehabt hätten. Die Mutter könnte ihm versichern, dass sie die Kinder mehrfach gefragt habe, ob sie etwas essen wollen, das beide das aber wiederholt verneint hätten.

Bei diesem Gespräch würde sich die Mutter in ihrer Rolle als Elternteil ernst genommen fühlen und der Vater hätte wichtige Informationen erhalten, die seine Sicht der Dinge revidieren könnten. Auf dieser Grundlage könnten beide noch einmal darüber sprechen, wie die Mutter das Thema „Abendessen" in Zukunft besser handhaben könnte. Sollte sich in diesem Gespräch herausstellen, dass die Mutter das Abendessen einfach vergessen hat, hätten die Eltern die Möglichkeit, noch einmal in Ruhe eine verbindliche Absprache zu treffen.

Nicht nur im eigenen Interesse, sondern auch im Interesse der Kinder, sollten Eltern nicht so schnell aufgeben, wenn es nach einer Trennung zwischen ihnen erst einmal Schwierigkeiten gibt. Beide Eltern müssen sich bemühen, den Blick von der Vergangenheit abzuwenden und sich auf das zu konzentrieren, was in der Zukunft gut laufen soll. In der Vergangenheit ist womöglich vieles schlecht gelaufen. Das können beide nicht mehr ändern. Einen Einfluss haben sie nur auf das, was sie jetzt und in der Zukunft tun. Beide Eltern sollten nicht alles, was der andere im Ärger sagt, überbewerten. Im Ärger wird vieles gesagt, um den anderen in diesem Moment wachzurütteln oder zu verletzen. Manchmal erscheint es erstrebenswerter, dem anderen wenigstens eine negative Gefühlsäußerung zu entlocken, als nur seine Gleichgültigkeit zu spüren. In den meisten Situationen gibt es mehrere Möglichkeiten, sich so oder anders zu verhalten. Kindern hilft es sehr, wenn sich ihre Eltern darum bemühen, sich in der Interaktion mit dem anderen Elternteil so zu verhalten, dass die „Wogen beruhigt" werden und das Gespräch wieder auf eine sachliche Ebene geführt wird, auch wenn sich der andere destruktiv verhält. Wenn ein Gespräch eskaliert, sollte es beendet werden. Eine Fortsetzung sollte stattfinden, wenn sich beide wieder beruhigt haben. Wenn Eltern eine Klärung im Gespräch zu zweit nicht gelingt, sollten sie frühzeitig professionelle Unterstützung in Form einer Mediation oder Beratung suchen (→ Kap. 3, „Beratungsangebote"). Mit professioneller Unterstützung können Eltern lernen, ihre Gefühle zu kontrollieren, dem anderen zuzuhören und die eigene Sichtweise sachlich zu formulieren.

Beide Eltern können dazu beitragen, dass die Kommunikation funktioniert.

Enden Gesprächsversuche häufig mit Streitigkeiten, ist es ratsam eine Beratungsstelle aufzusuchen.

Getrennt lebende Eltern müssen häufig über einen Zeitraum von vielen Jahren Absprachen treffen und gemeinsame Lösungen entwickeln. Auch wenn ihre Kinder schon erwachsen sind, haben sie immer wieder miteinander zu tun, z.B. wenn es um die finanzielle Unterstützung des Kindes geht oder die Vorbereitung seiner Hochzeit. Sie werden sich immer wieder über den Weg laufen. Wenn Eltern nicht kooperieren können und auch Monate und Jahre nach der Trennung ständig streiten, belasten sie nicht nur sich selbst und ihre Kinder. Sie nehmen auch das Risiko in Kauf, dass sich der getrennt lebende Elternteil von den Kindern zurückzieht, um dem ewigen Streit aus dem Weg zu gehen oder dass die Kinder den Kontakt zum getrennt lebenden Elternteil abbrechen, um sich zu schützen (→ Kap. 9, „Der Kontakt zum getrennt lebenden Elternteil bricht ab").

Erziehung – Beide Elternteile erziehen

Eltern haben die Aufgabe, ihre Kinder zu versorgen und zu fördern, sie begleiten ihre Kinder bei der täglichen Routine und

Kinder brauchen Eltern,

▶ die die Bedürfnisse ihrer Kinder feinfühlig wahrnehmen und ernst nehmen,

▶ die angemessen auf die Bedürfnisse ihrer Kinder reagieren,

▶ die ihre Kinder wertschätzen und ihnen helfend zur Seite stehen,

▶ die respektvoll mit ihnen umgehen und das Zusammensein mit ihnen genießen,

▶ die erlauben, dass ihre Kinder eine eigene Meinung haben und diese auch vertreten,

▶ die ihren Kindern die Möglichkeit geben, eigene Entscheidungen zu treffen und Erfahrungen damit zu sammeln,

▶ die ihnen etwas zutrauen,

▶ die gegenüber ihren Kindern eine klare Meinung vertreten,

▶ die Konflikte mit ihren Kindern konstruktiv austragen,

▶ die angemessene Grenzen setzen.

beim Spielen, sie müssen ihre Kinder vor Gefahren schützen und müssen für sie gleichzeitig Freiräume schaffen, in denen sie wichtige Entwicklungsschritte machen und ihre Fähigkeiten erweitern können (Schneewind / Böhmert 2009). Daneben müssen Eltern ihre Kinder auch anleiten und ihnen Orientierung geben.

Für Eltern geht es im Zusammenleben mit ihren Kindern darum, ihre Kinder aus einem Gefühl von Liebe und Wertschätzung heraus dazu zu erziehen, bestimmte Verhaltensweisen, die aus Sicht der Eltern wünschenswert sind, zu zeigen und andere zu lassen, wünschenswerte Fähigkeiten und Eigenschaften zu entwickeln und bestimmte Normen und Werthaltungen, die den Eltern wichtig sind, zu verinnerlichen. Dabei nutzen Eltern eine Vielfalt von Methoden, die dabei helfen sollen, erwünschtes Verhalten und erwünschte Entwicklung zu initiieren, zu begleiten und zu festigen. Wenn Kinder eine gute Beziehung zu ihren Eltern haben, haben sie auch die Bereitschaft, sich von ihren Eltern erziehen zu lassen (Largo 2009). Es gibt verschiedene Erziehungsstile, die sich dahingehend unterscheiden, wie viel Wertschätzung Eltern ihren Kindern entgegenbringen, wie sehr sie ihre Kinder fordern und ihnen Grenzen setzen und wie viel Eigenständigkeit sie bei ihren Kindern zulassen und fördern. Untersuchungen zeigen, dass ein autoritatives Erziehungskonzept in unserem Kulturkreis am ehesten dazu führt, dass sich Kinder und Jugendliche zu eigenverantwortlichen und gemeinschaftsfähigen Persönlichkeiten entwickeln (Schneewind / Böhmert 2009). Eltern, die nach einem autoritativen Erziehungskonzept handeln, bringen ihren Kindern viel Wertschätzung entgegen und nehmen die Bedürfnisse ihrer Kinder ernst. Sie vermitteln ihren Kindern aber auch klare Regeln und lassen ihnen viel Spielraum für Anregungen,

> **Wertschätzung, klare Regeln und Entscheidungsspielraum sind für Kinder wichtig.**

Kompromisse und eigene Entscheidungen. Dagegen fordern Eltern, die einen autoritären Erziehungsstil praktizieren, viel von ihren Kindern, setzen ihren Kindern starre Grenzen, lassen wenig Eigenständigkeit zu und bringen ihren Kindern wenig Wertschätzung entgegen. Eltern, die sehr nachgiebig sind, lassen wiederum ihren Kindern viele Freiheiten, fordern wenig von ihnen und setzen nur wenige Grenzen.

Erziehungsfragen

▶ In einer Befragung gaben 51,4 % der Eltern an, dass sie in Erziehungsfragen manchmal oder häufig Unsicherheit verspüren (Schneewind / Böhmert 2009).

▶ Eltern, die sich in der Erziehung unsicher sind, berichten häufiger als andere Eltern über Probleme im Umgang mit ihrem Kind (Schneewind / Böhmert 2009).

▶ 31 % der Eltern mit einem Kind unter 14 Jahren berichten darüber, dass sie bei der Erziehung am meisten Probleme damit haben, konsequent zu bleiben. 13 % geben an, dass es ihnen am schwersten fällt, Grenzen zu setzen und 8 % sehen es als größte Schwierigkeit, bei ihrem Kind Gehorsam zu erzielen (Schneewind / Böhmert 2009).

▶ Nach einer Trennung neigen Eltern dazu, ihr gleichgeschlechtliches Kind vor dem nicht gleichgeschlechtlichen zu bevorzugen. Dieser Unterschied baut sich mit der Zeit ab (Schmidt-Denter 2000).

Vor der Trennung teilen sich Eltern die Zuständigkeit für ihre Kinder in der Regel mehr oder weniger auf. Wie sie das genau handhaben, hängt auch von den Charaktereigenschaften und Vorlieben der Eltern ab sowie von ihren eigenen Kindheitserfahrungen. Dem einen Elternteil liegt es mehr, sich ruhig mit seinem Kind zu beschäftigen und dessen kognitive Fähigkeiten zu fördern, der andere Elternteil tobt lieber ausgelassen mit dem Kind und fördert dessen sportliche Begeisterung. Kinder, die mit beiden Eltern zusammenleben oder nach einer Trennung Kontakt zu beiden Eltern haben, können von der Unterschiedlichkeit ihrer Eltern profitieren und erhalten ein weites Spektrum an Anregungen.

Auch in ihrem Erziehungsstil unterscheiden sich Eltern häufig. Der eine Elternteil hat klare Vorstellungen, welches Verhalten seiner Kinder er in welcher Situation angemessen findet, er achtet z.B. auf gute Tischmanieren, Höflichkeit anderen Personen gegenüber und feste Zeiten für die Hausaufgaben und das Zubettgehen. Der andere Elternteil lässt den Kindern lieber viel Freiraum, hält nichts davon, dass Kinder am Wochenende und in den Ferien für die Schule arbeiten und stört sich nicht daran, wenn die Spielsachen abends noch im Wohnzimmer liegen. Trotz ihrer im Detail unterschiedlichen Vorstellungen und Verhaltensweisen, sind viele Eltern ein gutes Team. Sie stimmen im Wesentlichen miteinander überein und fallen sich vor ihren Kindern nicht in den Rücken, wenn der andere Elternteil manches anders handhabt. Auf diese Weise bieten sie ihren Kindern eine gute Orientierung. Wenn sich Eltern dagegen ständig um die Erziehung der Kinder streiten, belastet das die Befindlichkeit und Entwicklung der Kinder erheblich (Schneewind 2010).

> **Die Erziehungsstile und Verhaltensweisen von Eltern ergänzen sich vor der Trennung häufig.**

Aufgrund der vielfältigen Aufgaben, vor denen Eltern nach einer Trennung stehen und ihrer oft schlechten psychischen Verfassung, fällt es ihnen nicht leicht, ihre Erziehungsaufgabe gegenüber den Kindern weiter gut zu erfüllen. Eltern, die mit ihren Kindern zusammenleben, sind oft erschöpft von all dem, was sie leisten müssen, sind zermürbt von den Auseinandersetzungen mit dem Ex-Partner und ihrem eigenen Schmerz, so dass ihnen die Kraft dafür fehlt, sich ihren Kindern gegenüber konsequent zu verhalten. Manche scheuen sich auch, ihrem Kind nach den Belastungen der Trennung noch weiteren Stress zuzumuten. Sie vermeiden es konsequent das Einhalten von Regeln einzufordern und ihr Kind damit immer wieder zu frustrieren. Manche Eltern haben auch Angst, dass ihr Kind nicht mehr bei ihnen leben will, wenn sie ihm immer wieder Grenzen setzen. Kinder können diese Angst noch schüren, wenn sie im Streit selbstbewusst vor ihren Eltern stehen und ankündigen, dass sie zum anderen Elternteil ziehen werden, wenn sie dieses oder jenes nicht bekommen werden, wenn ihnen dieses oder jenes nicht erlaubt wird. Solche Aussagen können Eltern massiv verunsichern.

Für Kinder ist es sehr wichtig, dass sich ihre Eltern in der Erziehung auch nach der Trennung klar verhalten, und dass Regeln, die vor der Trennung galten, auch nach der Trennung Gültigkeit haben. Kinder suchen im Zusammenleben mit ihren Eltern nach Grenzen und testen immer wieder aus, wo diese Grenzen sind.

Tipp

→ Behalten Sie auch nach der Trennung klare Erziehungsregeln bei und setzen Sie Ihren Kindern Grenzen!

Sie wollen sich orientieren, weil ihnen dies Sicherheit gibt. Wenn die Grenzen plötzlich weiter gesteckt werden, müssen die Kinder weiter gehen, um ihre Grenzen zu finden. Wenn es den Eltern plötzlich egal ist, ob ihr Kind um 19.30 Uhr oder um 20.30 Uhr ins Bett geht, dann wird ihr Kind versuchen, die Zubettgehzeit noch weiter nach hinten zu schieben, bis es von seinen Eltern wieder ein klares Signal erhält, wo die Grenze ist. Das Problem löst sich also letztlich nicht, wenn Eltern ständig nachgeben, sondern wird nur verschoben. Manche Regeln und Grenzen müssen sich im Laufe der Jahre verändern, weil Kinder älter werden und andere Bedürfnisse haben. Wenn Regeln bedingt durch den Entwicklungsstand der Kinder geändert werden, ist das für Kinder gesund. Wenn sich Regeln ändern, weil Eltern erschöpft sind, sich plötzlich für weniger kompetent halten oder Angst haben, ihren Kindern etwas zuzumuten, ist das für Kinder irritierend. Besonders schwierig ist es für Kinder, wenn sich ihre Eltern inkonsequent verhalten, indem sie das Einhalten einer Regel erst einfordern und dann doch nachgeben (Schneewind 2010). Elterliche Inkonsequenz fördert ein provozierendes und aggressives Verhalten der Kinder, weil Kinder mit inkonsequenten Eltern die Erfahrung machen, dass sie nur lange genug dran bleiben müssen, bis ihre Eltern nachgeben. Eltern, die entgegen ihrer innersten Überzeugung ständig nachgeben, sammeln mit der Zeit sehr viel Frust und Ärger an. Dies kann zu Überreaktionen dem Kind gegenüber und zu unangemessenen Strafen führen.

Ein konsequentes Elternverhalten gibt Kindern Sicherheit.

Wenn Eltern im Umgang mit ihren Kindern vor der Trennung viele Probleme hatten, kann der Zeitpunkt der Trennung ein geeigneter Moment sein, die eigenen Ziele und das eigene Verhalten in der Erziehung kritisch zu hinterfragen. Besonders Eltern, die bisher vorwiegend einen Aspekt der Erziehung gelebt haben, sollten nach einer Trennung lernen, ihr Repertoire im Umgang mit ihren Kindern zu erweitern. Das gilt besonders für diejenigen Eltern, die im Alltag mit ihren Kindern zusammenleben. Eltern, die z. B. überwiegend streng waren, die in erster Linie auf das Einhalten von Regeln geachtet haben und dem anderen Elternteil den Austausch von positiven Gefühlen und Zärtlichkeiten überlassen haben, müssen neue Verhaltensweisen im Umgang mit ihren Kindern etablieren. Gleiches gilt für Eltern, die mit ihren Kindern sehr nachsichtig waren und den strengen Teil der Erziehung dem anderen Elternteil überlassen haben. Erweitern Eltern ihr Verhaltensrepertoire nicht, sind ihre Kinder nach der Trennung orientierungslos oder kommen im emotionalen

Bereich zu kurz. Unterstützung können Eltern finden, indem sie sich mit anderen Eltern austauschen, einen Erziehungsratgeber lesen (→ Literatur zum Weiterlesen: Psychologische Themen für Eltern, Kostenlose Broschüren) oder sich an eine Erziehungsberatungsstelle wenden (→ Kap. 3, „Beratungsangebote").

Auch Eltern, die nicht mit ihren Kindern zusammenleben, sind weiter gefordert, ihre Kinder zu erziehen. Eltern, die ihre Kinder

Beide Elternteile sind nach der Trennung für die Erziehung verantwortlich.

besuchsweise sehen, haben weniger Gelegenheit, ihren Kindern Werte zu vermitteln und ihr Verhalten sowie ihre Entwicklung zu fördern. Wenn getrennt lebende Eltern von ihren Kindern in der Elternrolle weiter ernst genommen werden wollen, wenn sie nach der Trennung nicht nur die Spielpartner ihrer Kinder sein wollen, müssen sie sich jedoch weiter als Erzieher und Lehrer ihrer Kinder sehen. Auch am Besuchswochenende sollte es für Kinder klare Regeln geben, an die sie sich halten müssen, und Kinder sollten neben dem

Beispiel

Jessica, zehn Jahre alt, besucht ihre Mutter. Beim Frühstück haben Jessica und die Mutter vereinbart, nach dem Mittagessen in den Wald zu fahren. Als die Mutter Jessica nach dem Essen auffordert, sich anzuziehen, will Jessica jedoch lieber fernsehen. Es entwickelt sich eine lebhafte Diskussion und Jessica erklärt schließlich aufgebracht: „Wenn ich nicht fernsehen darf und blöde Spaziergänge machen muss, komme

ich dich nicht mehr besuchen. Bei Papa ist es sowieso besser." Die Mutter fühlt sich vor den Kopf gestoßen und verunsichert. Sie hat sich in letzter Zeit schon öfter gefragt, ob Jessica sie weiterhin regelmäßig besuchen wird, oder ob sie in Zukunft das Wochenende lieber bei ihrem Vater verbringt, um dort mit ihren Freundinnen zu spielen. Die Mutter weiß nicht, wie sie jetzt reagieren soll.

„Spaßprogramm" auch Pflichten haben. Eltern, die ihre Kinder nur besuchsweise sehen, scheuen sich häufig davor, ihre Erziehungsaufgabe wahrzunehmen. Sie wollen die kurze Zeit, die ihnen mit den Kindern zur Verfügung steht, möglichst in guter Stimmung verbringen und gehen Konflikten, die im normalen Zusammenleben tagtäglich entstehen, lieber aus dem Weg, indem sie den Kindern vieles durchgehen lassen. Irgendwann fühlen sich diese Eltern frustriert, weil ihre Kinder plötzlich sehr viel Macht haben und sich an den Besuchstagen alles nach den Wünschen der Kinder richten soll (Schmidt-Denter 2000).

Beispiel

Die 4-jährige Elena hält sich gerade bei ihrem Vater auf. Der Vater möchte ihr abends die Zähne putzen, was Elena ablehnt. Sie will sich auch keinen Schlafanzug anziehen lassen und schlägt um sich, als der Vater sie festhält und ihr rechtes Bein in die Schlafanzughose stecken will. Schließlich fängt Elena an zu weinen und ruft, dass sie zur Mama wolle. Der Vater ist ratlos. Er fragt sich häufig, ob er von Elena wie früher bestimmte Dinge verlangen kann, obwohl sie die Mutter vermisst, wenn sie bei ihm ist.

Kinder haben nicht immer gute Laune und wollen nicht immer das machen, was ihre Eltern für richtig halten. Kinder sind erfinderisch und suchen nach Mitteln und Wegen, ihre Eltern zu beeinflussen. Viele Kinder spüren intuitiv, dass sich ihre Eltern nach einer Trennung fragen, ob ihr Kind den anderen Elternteil vielleicht lieber hat und nicht mehr so gern mit ihnen zusammen ist. Die meisten Kinder meinen es nicht ernst, wenn sie damit drohen, ihre Mutter oder ihren Vater nicht mehr zu besuchen oder wenn sie in einem Streit mitteilen, beim anderen Elternteil wohnen zu wollen und diesen viel lieber zu haben. Kinder machen weitere Besuche oder einen Umzug nicht davon abhängig, ob ihre Mutter oder ihr Vater darauf besteht, dass eine Absprache oder eine feste Regel eingehalten wird, wenn sie zu ihren Eltern eine gute und tragfähige Beziehung haben und die Eltern die Bedürfnisse und Interessen ihrer Kinder ausreichend berücksichtigen. Wenn Kinder merken, dass sie ihre Eltern mit derartigen Äußerungen verunsichern können, fühlen sie sich selbst verunsichert, und zwar in der Beziehung zu ihren Eltern. Jessica (→ Bsp. S. 122) wird damit klar kommen, wenn die Mutter ihr ruhig aber bestimmt erklärt, dass sie es sehr schade fände, wenn Jessica nicht mehr kommen würde, weil sie gern mit ihrer Tochter zusammen ist, dass das aber nichts damit zu tun hat, ob sie, wie vorher besprochen, in den Wald fahren werden. Und Elena wird sich beim nächsten Mal vielleicht problemloser für das Bett fertig machen lassen, wenn der Vater ihr ruhig aber bestimmt erklärt, dass sie auch bei der Mutter ihre Zähne putzen und einen Schlafanzug anziehen muss. Vielleicht kann er ihr auch vorschlagen, die Mutter kurz anzurufen, um ihr gute Nacht zu sagen, wenn Elena mit allem fertig sein wird.

Kindern hilft es, wenn Eltern ihre Vorstellungen vor dem Kind klar vertreten.

Unterschiede in der Erziehung

Bei einer Trennung gehen die Eltern nicht nur als Partner auseinander, häufig entfernen sie sich auch in ihren Erziehungsvorstellungen und ihrem Erziehungsverhalten voneinander. Das liegt an ihren unterschiedlichen Persönlichkeiten und daran, dass die gemeinsame Erziehung vor der Trennung eben ein Kompromiss war und selten genau den Wünschen jedes Elternteils entsprach. Wenn Eltern getrennt leben und das Residenzmodell praktizieren, bei dem die Kinder einen klaren Lebensmittelpunkt haben (→ Kap. 2, „Mögliche Aufenthaltsmodelle"), ist es häufig so, dass ein Elternteil die Kinder überwiegend am Wochenende sowie in

Nach der Trennung werden Unterschiede im Erziehungsverhalten häufig größer.

den Ferien sieht und der andere Elternteil den Alltag mit den Kindern verbringt. Diese Aufteilung fördert es, dass Eltern im Umgang mit ihren Kindern unterschiedliche Verhaltensweisen zeigen. Im Alltag unter der Woche gibt es permanent Situationen, in denen die Wünsche der Kinder auf die Vorstellungen ihrer Eltern treffen und nicht zusammenpassen, angefangen beim morgendlichen Anziehen über das Aufräumen der Spielsachen oder Erledigen der Hausaufgaben bis hin zum abendlichen Zähneputzen und Zubettgehen. Im Alltag unter der Woche herrscht häufig Zeitdruck, weil Kinder zu einer bestimmten Zeit im Kindergarten oder in der Schule sein müssen oder zu einer bestimmten Zeit im Bett liegen müssen, damit sie am anderen Morgen ausgeschlafen sind. Weil die Mutter oder der Vater zur Arbeit müssen, können sie nicht lange darüber diskutieren, ob ihr Kind heute eine kurze oder lange Hose anziehen wird und erwarten, dass ihr Kind schnell reagieren und keine Probleme machen wird. Am Wochenende ist die Situation häufig sehr viel entspannter und Kinder haben oft mehr Freiräume, auch eigene Vorstellungen durchzusetzen. Am Wochenende sind Eltern geduldiger und nehmen sich mehr Zeit, um auf ihre Kinder einzugehen und etwas mit ihnen zu unternehmen. Nicht nur Kinder, die ihre Eltern am Wochenende besuchen, sondern auch Kinder, die mit beiden Eltern zusammenleben, dürfen am Wochenende mehr Fernsehen oder häufiger am Computer spielen, sie dürfen im Schlafanzug durch die Wohnung tollen und abends auch mal länger aufbleiben.

Eltern müssen vor einer Trennung damit leben, dass der andere Elternteil in der Erziehung des Kindes manches anders macht als sie selbst und sie müssen damit auch nach einer Trennung leben. Sie müssen sogar damit rechnen, dass die Unterschiede größer werden. Manche Eltern streiten sich nach einer Trennung erbittert darum, wer seine Erziehungsvorstellungen durchsetzen kann und belasten damit ihre Kinder. Etwa die Hälfte der Eltern ignoriert sich nach einer Trennung in ihren Rollen als Vater und Mutter und stimmt sich in Erziehungsfragen nicht ab (Hetherington / Kelly 2003). Untersuchungen weisen darauf hin, dass Kinder erstaunlich gut damit zurechtkommen, wenn ihre Eltern nicht alles gleich handhaben. Sie testen zwar aus, ob sie beim einen Elternteil die gleichen Freiräume wie beim anderen Elternteil haben. Wenn sie jedoch merken, dass ihre Eltern konsequent sind, fügen sie sich in die jeweiligen Rahmenbedingungen ein.

Kinder können damit leben, wenn sich die Erziehungsstile ihrer Eltern unterscheiden.

Beispiel

Max, sieben Jahre alt, besucht seinen Vater regelmäßig am Wochenende. Wenn er die Wohnung des Vaters betritt, zieht er schnell seine Jacke und seine Schuhe aus, lässt alles liegen und läuft in sein Kinderzimmer. Der Vater kommt nach. Beide haben sofort Ideen für ein gemeinsames Spiel und sind dann stundenlang damit beschäftigt, etwas aufzubauen und phantasievolle Rollenspiele zu spielen. Wenn sie Hunger haben, picknicken sie auf dem Boden des Kinderzimmers, was Max besonders viel Spaß macht. Es stört den Vater nicht, wenn Krümel auf den Boden fallen und die Hose von Max schmutzig wird. Im Laufe der beiden Tage breiten sich die Spielsachen zuerst im Kinderzimmer und dann auch im Rest der Wohnung aus. Wenn der Vater Max am frühen Sonntagabend zur Mutter zurückbringt, liegen noch alle Sachen in der Wohnung herum. Bei seiner Rückkehr genießt der Vater die Spuren seines Sohnes in der Wohnung. Er räumt die Spielsachen erst im Laufe der nächsten Tage weg. Bei der Mutter ist Max auch gleich wieder in sein Spiel vertieft. Die Mutter muss Max immer versprechen, dass sie im Kinderzimmer in seiner Abwesenheit nichts verändert, woran sie sich auch hält. Die Mutter setzt sich oft zu ihrem Sohn, und spielt mit ihm. Sie freut sich darüber, dass Max so kreativ ist und so ausdauernd spielen kann. Auch ansonsten kommt sie mit Max gut zurecht. Wenn sie ihn jedoch am Sonntagabend nach einem

Besuchswochenende zum Abendessen ruft, reagiert er erst beim dritten Mal. Dann äußert er, lieber im Kinderzimmer essen zu wollen, was die Mutter klar ablehnt. Max fängt dann jedes Mal an zu nörgeln und beschäftigt sich weiter mit seinen Spielsachen. Wenn die Mutter ihn noch einmal auffordert, sich in der Küche an den Tisch zu setzen, schimpft Max: „Och Mann, bei Papa darf ich das auch! Bei Papa ist alles viel schöner!" Dabei sieht er sie

böse an. Auch am Montagabend hat Max keine Lust, in der Küche zu essen. Als die Mutter ihn abends auffordert, seine Spielsachen aus dem Flur in sein Zimmer zu räumen, dauert es eine halbe Stunde, bis Max der Aufforderung nachkommt. Zuvor hat er seiner Mutter wiederholt erklärt, dass es beim Vater viel mehr Spaß mache. Erst am Mittwoch funktioniert der Tagesablauf wieder reibungsloser.

Eltern, die im Alltag mit ihrem Kind zusammenleben, müssen mit zweierlei zu Recht kommen: Sie müssen damit leben, das ihr Kind beim anderen Elternteil in der Regel mehr Freiheiten hat und mehr Freizeitvergnügen erlebt und sie müssen akzeptieren, dass ihr Kind nach einem Besuch mit hoher Wahrscheinlichkeit Umstellungsprobleme hat und einige Zeit braucht, bis es sich wieder in den normalen Ablauf einfügen kann. Wenn Eltern auch nach der Trennung ein gutes Erziehungsteam sind und vieles ähnlich handhaben, können sie die Probleme für ihr Kind reduzieren. Ganz ausräumen lassen sich die Umstellungsprobleme des Kindes jedoch nicht. Eltern, die ihr Kind besuchsweise sehen, müssen akzeptieren, dass sie weniger Einfluss auf die Entwicklung, das Verhalten und die Moralvorstellung ihres Kindes haben als der betreuende Elternteil.

Der Kontakt des Kindes zum anderen Elternteil – Wie häufig und in welcher Form?

Wenn Eltern entscheiden, wie häufig und in welcher Form ihr Kind zu dem Elternteil, mit dem es nicht zusammenlebt, Kontakt haben soll, können ganz unterschiedliche Gedanken und Gefühle eine Rolle spielen. Der betreuende Elternteil kann Angst haben, dass sein Kind überfordert wird, wenn es den getrennt lebenden Elternteil zu häufig besucht, der getrennt lebende Elternteil kann befürchten, die Beziehung zum Kind durch zu seltene Kontakte zu gefährden. Der betreuende Elternteil kann sich Sorgen machen, dass sich der getrennt lebende Vater oder die getrennt lebende Mutter immer weniger für die Betreuung des Kindes zuständig fühlen wird. Der getrennt lebende Elternteil kann es ablehnen, sich auf eine feste Besuchsregelung einzulassen, weil er keine Lust mehr darauf hat, sich Vorschriften machen zu lassen oder weil er befürchtet, dass der andere Elternteil an den Besuchswochenenden ungehemmt seinem Vergnügen nachgehen wird. Damit eine Besuchsregelung für Kinder gut funktionieren kann, müssen beide Eltern trotz eventueller gegenseitiger Vorbehalte bereit und in der Lage sein, die Beziehung ihres Kindes zum jeweils anderen Elternteil zu respektieren und zu fördern (→ Kap. 6, „Die innere Haltung zum anderen Elternteil"). Diese elterliche Haltung wird als Bindungstoleranz bezeichnet. Beide Eltern müssen bindungstolerant sein, unabhängig davon, wo das Kind seinen Lebensmittelpunkt hat.

Eine gute Beziehung zu beiden Elternteilen ist für das Kind wichtig.

Zur Gestaltung des Kontakts zwischen dem Kind und dem getrennt lebenden Elternteil sind viele verschiedene Regelungen möglich und praktikabel. Es gibt kein Patentrezept, das für alle Familien gilt. Manche Eltern machen mit ihren Kindern nach der Trennung noch gemeinsame Unternehmungen oder feiern zusammen Weihnachten und Geburtstage. In anderen Familien besucht der getrennt lebende Elternteil die Kinder spontan außer der Reihe zu Hause und isst mit den Kindern und dem früheren Partner zu Abend. Andere Eltern trennen ihre Leben strikt und der eine setzt nicht einmal mehr seinen Fuß in die Wohnung des anderen. Wenn Eltern eine Besuchsregelung vereinbaren, müssen das Alter des Kindes, seine Wünsche, seine Beziehungen zu beiden Eltern und seine Fähigkeit, mit den Wechseln zwischen den Eltern umzugehen, berücksichtigt werden. Auch die Wünsche der Eltern sowie ihre erzieherischen Fähigkeiten spielen eine wichtige Rolle. Daneben

Bei der Besuchsregelung sollten die kindlichen Bedürfnisse im Mittelpunkt stehen.

hängt die Regelung auch von äußeren Gegebenheiten ab, wie z. B. der Entfernung zwischen den Wohnorten der Eltern, der zeitlichen Verfügbarkeit der Eltern und finanziellen Voraussetzungen. Im Mittelpunkt sollten allerdings die Bedürfnisse und Interessen des Kindes stehen.

Welche Form des Kontakts passt zu welchem Alter?

Säuglinge ▶ Säuglinge brauchen eine möglichst konstante Versorgung und Zuwendung. Der Kontakt mit dem getrennt lebenden Elternteil sollte stundenweise möglichst mehrmals in der Woche stattfinden. Säuglinge im Alter bis zu sechs Monaten vergessen den getrennt lebenden Elternteil wieder, wenn sie ihn nicht jeden zweiten Tag sehen. In den ersten sechs Lebensmonaten ist es sinnvoll, wenn der Kontakt außerhalb des gewohnten Umfelds die Dauer eines halben Tages nicht übersteigt. Übernachtungen sind in den ersten neun Lebensmonaten nicht zu empfehlen. Konkrete Erfahrungen des Kindes in der Interaktion mit dem Vater oder der Mutter, z. B. beim Wickeln, Füttern, Spielen oder Babyschwimmen, lassen eine emotionale Beziehung entstehen. Eine Überreizung durch wechselnde Umgebungen oder viele zusätzliche Personen, die sich dem Kind zuwenden, sollte vermieden werden. Hat das Kind zum getrennt lebenden Elternteil eine gute Beziehung aufgebaut, akzeptiert es ihn als Betreuungsperson, lässt es sich von ihm problemlos versorgen und auch trösten, können ab dem zehnten Lebensmonat auch Übernachtungen eingeplant werden. Es ist günstig, wenn pro Besuch nur eine Übernachtung stattfindet. Wenn das Kind im Anschluss an einen Übernachtungsbesuch wiederholt anhaltende Auffälligkeiten zeigt, sollte von der Übernachtung vorerst wieder Abstand genommen werden. Ab dem siebten bis neunten Lebensmonat fangen viele Säuglinge an zu fremdeln und haben große Probleme, sich von ihrer Hauptbezugsperson zu lösen. Die Mitnahme eines Kuscheltiers oder einer Schmusedecke und Rituale, die das Kind bei beiden Elternteilen erlebt, wie z.B. ein bestimmtes Schlaflied oder eine Spieluhr, können die Umstellung vom einen zum anderen Elternteil erleichtern. Der Elternteil, bei dem das Kind lebt, sollte im Notfall immer erreichbar sein. Weint das Kind nach der Trennung von seiner Hauptbezugsperson anhaltend und lässt es sich nicht trösten, ist es ratsam, es zur Hauptbezugsperson zurückzubringen. Größere Unterbrechungen des Kontakts zum getrennt lebenden Elternteil machen je nach Alter einen erneuten Beziehungsaufbau erforderlich. Das Kind benötigt dann ausreichend Zeit, sich wieder an den anderen Elternteil zu gewöhnen. Es ist empfehlenswert, dass Kontakte nach einer längeren Unterbrechung erst einmal in Gegenwart des betreuenden Elternteils oder einer Bezugsperson stattfinden, die dem Kind vertraut ist (Derksen 2009).

Sehr junge Kinder brauchen viel Vertrautes und Konstanz.

2- bis 3-jährige Kinder ▶ Kinder in diesem Alter sollten den getrennt lebenden Elternteil möglichst zweimal in der Woche sehen. Größere Unterbrechungen von mehreren Wochen oder Monaten verunsichern Kinder in ihrer Beziehung zum getrennt lebenden Elternteil und machen u. U. einen erneuten Beziehungsaufbau erforderlich, der schrittweise in Gegenwart einer vertrauten Bezugsperson erfolgen kann. Übernachtungen können eingeplant werden, wenn das Kind eine gute Beziehung zum getrennt lebenden Elternteil entwickelt hat, ihn als

Vertraute Rituale geben Kindern Sicherheit.

Betreuungsperson akzeptiert und sich von ihm problemlos versorgen sowie trösten lässt. Kinder in diesem Alter müssen weiterhin viele positive Erfahrungen in der Interaktion mit dem getrennt lebenden Elternteil machen, damit sie ihre Beziehung zu ihm intensivieren können. Die Besuche sollten für das Kind nicht zuviel Abwechslung bieten, sondern Vertrautes und Gleichförmiges beinhalten. Beide Eltern sollten im Umgang mit dem Kind ähnliche Rituale praktizieren, z.B. vor dem Schlafengehen oder beim Essen. Die Mitnahme eines Kuscheltiers oder eines anderen vertrauten Gegenstandes kann das Kind an den betreuenden Elternteil erinnern. Wenn das Kind traurig wird und nach dem betreuenden Elternteil fragt, ist es wichtig, das Kind zu trösten. Das stärkt die Beziehung zwischen dem Kind und dem besuchten Elternteil. Kinder vermissen den anderen Elternteil immer, wenn sie von Zuhause weg sind, sie teilen das aber nicht ständig mit. Wenn das Kind nach der Trennung von seiner Hauptbezugsperson oder vor dem Schlafengehen anhaltend weint, nach der Hauptbezugsperson verlangt und sich nicht beruhigen lässt, sollte der andere Elternteil verständigt werden und die Eltern sollten eine kurzfristige Rückkehr des Kindes zur Hauptbezugperson ermöglichen. Junge Kinder können sich vor dem Schlafengehen und auch im Krankheitsfall verunsichert fühlen und dann die Nähe ihrer Hauptbezugsperson benötigen (Derksen 2009).

4- bis 5-jährige Kinder ▶ In diesem Alter sollten Kinder den getrennt lebenden Elternteil weiterhin in kurzen zeitlichen Abständen besuchen, mindestens alle zwei Wochen. Kinder in diesem Alter können längere Trennungen von ihrer Hauptbezugsperson aushalten. Daher sind bei einer guten Beziehung zum getrennt lebenden Elternteil auch Ferienaufenthalte möglich. Jedoch ist es empfehlenswert, dass diese anfangs nicht länger als eine Woche dauern, damit sich das Kind an längere Trennungen vom betreuenden Elternteil gewöhnen kann. Kinder in diesem Alter entwickeln Freude an Unternehmungen und lieben Abwechslung. Sie brauchen jedoch auch die Möglichkeit, bei den Besuchen zur Ruhe zu kommen. Vertraute Abläufe, wie feste Essens- oder Schlafenszeiten und feste Rituale, können Sicherheit geben und die Beziehung sowie das Vertrauen zum getrennt lebenden Elternteil stärken. Wenn der Kontakt zum getrennt lebenden Elternteil mehrere Monate unterbrochen wurde, ist es wichtig, dem Kind die Möglichkeit zu geben, sich in Form kurzer Kontakte wieder an den anderen Elternteil zu gewöhnen. Wenn die Eltern weit auseinander wohnen und Besuche nur in größeren zeitlichen Abständen möglich sind, können regelmäßige Telefonanrufe dem Kind dabei helfen, die Beziehung aufrechtzuerhalten.

> **Regelmäßiger Kontakt und gemeinsame Beschäftigung stärkt die Beziehung zum getrennt lebenden Elternteil.**

Kinder im Grundschulalter ▶ Nun haben Kinder kaum mehr Probleme, sich von dem Elternteil, bei dem sie ihren Lebensmittelpunkt haben, zu trennen, wenn sie zum getrennt lebenden Elternteil eine gute Beziehung aufgebaut haben und die Übergaben des Kindes friedlich durchgeführt werden. Längere Ferienaufenthalte von mehreren Wochen sind möglich. Die Besuche sollten weiterhin regelmäßig erfolgen. Kinder in diesem Alter verlassen sich auf die Besuche und freuen sich auf die Aktivitäten während der Besuche. Wie die Besuche inhaltlich gestaltet werden, können das Kind und der besuchte Elternteil gemeinsam besprechen. Da Kinder in diesem Alter schon festen Freizeitaktivitäten nachgehen und ihre Freunde am Wochenende treffen wollen, ist es wichtig die Besuche darauf abzustimmen. Einladungen zum Geburtstag sollten auch vom besuchten Elternteil aus wahrgenommen werden. Wenn Kinder ihren Schulranzen zum Besuch mitnehmen, hat auch der getrennt lebende Elternteil die Möglichkeit, am schulischen Fortschritt seines Kindes teilzuhaben und sein Kind zu fördern.

Kinder wollen ihre Hobbys und Freundschaften auch am Wochenende pflegen.

10- bis 12-jährige Kinder ▶ Ältere Kinder gehen oft vielfältigen Freizeitaktivitäten nach und Freundschaften spielen für sie eine immer größere Rolle. Eltern können zusammen mit ihren Kindern überlegen, welche Besuchsregelung am besten zu den Interessen und Aktivitäten des Kindes passt und wie die Besuche inhaltlich gestaltet werden. Der besuchte Elternteil sollte bereit sein, die Freizeitgestaltung seines Kindes zu unterstützen, Termine und Verabredungen zuzulassen und sein Kind auch zu Terminen und Verabredungen zu bringen, wenn es erforderlich ist. Auf der weiterführenden Schule steigen die schulischen Anforderungen und Kinder müssen häufig auch am Wochenende Hausaufgaben machen. Auch der besuchte Elternteil sollte sich für den schulischen Bereich seines Kindes verantwortlich fühlen und die Erledigung von Hausaufgaben unterstützen. Kinder in diesem Alter können die Wegstrecke zwischen den Wohnungen der Eltern schon allein bewältigen, wenn die Wohnungen nicht zu weit auseinander liegen. Daher können auch spontane Besuche des Kindes unter der Woche ihren Platz haben, wenn das vom Kind

Ältere Kinder wollen an der Planung der Besuchsregelung beteiligt werden.

gewünscht ist. Kinder sollten den getrennt lebenden Elternteil weiterhin regelmäßig sehen. Sie kommen aber auch damit zurecht, wenn Kontakte nur in größeren zeitlichen Abständen erfolgen können, z.B. weil ein Elternteil weggezogen ist (→ Kap. 9, „Ein Elternteil zieht weg"). Kinder brauchen in diesem Alter nicht mehr die ständige Anwesenheit des anderen Elternteils, um die Beziehung zu ihm zu pflegen. Regelmäßige Telefongespräche oder ein reger E-Mail-Verkehr können zwischen den Treffen ein guter Ersatz sein.

Viele Eltern entscheiden sich dafür, dass ihr Kind den getrennt lebenden Elternteil alle 14 Tage über das Wochenende besucht und in einem Teil der Schulferien. Ferienregelungen können beinhalten, dass das Kind die Hälfte aller Ferien beim getrennt lebenden Elternteil verbringt oder auch nur ein bis zwei Wochen im ganzen Jahr. Manche Eltern treffen dahingehend Absprachen, dass sich ihr Kind regelmäßig fast die ganzen Ferien über beim getrennt lebenden Elternteil aufhält, entweder, weil sich die Besuchsregelung aufgrund einer großen Entfernung zwischen den Wohnorten der Eltern nur auf die Ferien beschränkt, oder weil der betreuende Elternteil kein Interesse daran hat, Ferien mit seinem Kind zu verbringen. Feiertage wie Ostern und Weihnachten werden bei den Absprachen oft gesondert berücksichtigt. Es ist zu empfehlen, dass Eltern sich über wichtige Feiertage frühzeitig Gedanken machen und diesbezüglich eine Regelung treffen. Kein Tag im Jahr ist zwischen getrennten Eltern so umstritten wie der 24. Dezember. Für Eltern ist es auch wichtig, frühzeitig zu klären, wo ihr Kind seinen Geburtstag verbringen soll und ob das Kind auch an den Geburtstagen der Eltern oder naher Verwandter unabhängig von einer konkreten Besuchsregelung teilhaben kann. Manche Eltern vereinbaren, dass ihr Kind den getrennt le-

Auch Feiertage und Geburtstage sollten geregelt werden.

benden Elternteil zusätzlich zu den Besuchen am Wochenende auch unter der Woche besuchen kann, mit oder ohne Übernachtung, dass das Besuchswochenende von Donnerstag bis Sonntag bzw. von Freitag bis Montag dauert und / oder dass zwischen den Besuchen auch Kontakte in Form von Telefongesprächen oder E-Mails stattfinden können. Manche Eltern treffen dahingehend Absprachen, dass der getrennt lebende Elternteil das Abholen und Bringen des Kindes übernimmt, andere teilen sich diese Aufgabe und übergeben die Kinder auf halber Wegstrecke an einer Raststätte, wenn ihre Wohnorte mehrere hundert Kilometer auseinander liegen. Es ist Aufgabe der Eltern, eine Lösung zu finden, die ihren Wünschen und Möglichkeiten, den Wünschen ihres Kindes und auch den äußeren Gegebenheiten am ehesten gerecht werden kann. Dann ist die Wahrscheinlichkeit sehr groß, dass die Besuchsregelung auch gut funktionieren wird (→ Kap. 4, „Umgangsvereinbarung"). Dabei müssen immer wieder Kompromisse zwischen den Bedürfnissen des Kindes und denen der Eltern gefunden

Besuchszeiten können individuell gestaltet werden.

werden. Es ist für sehr junge Kinder besser, wenn sie den anderen Elternteil in kurzen zeitlichen Abständen sehen können und die Abwesenheit von Zuhause nicht so lang ist. Wenn sich die Eltern bei den Übergaben ihres Kindes jedoch immer wieder streiten, ist es für das Kind u. U. besser, wenn die Kontakte zum anderen Elternteil nur einmal wöchentlich und dafür länger stattfinden, damit das Kind weniger häufig mit den elterlichen Konflikten belastet wird.

Grundsätzlich müssen Eltern damit leben, dass nicht alle geplanten Besuchstermine stattfinden können. Kinder bzw. ihre Eltern können kurzfristig erkranken oder Eltern können wichtige berufliche oder familiäre Verpflichtungen haben, die einen Besuch verhindern. Solche unvorhergesehenen Änderungen sollten aber die Ausnahme und nicht die Regel sein. Sowohl Kinder als auch Eltern wollen sich innerlich auf ein Wochenende einstellen und reagieren empfindlich, wenn sich immer wieder kurzfristig etwas ändert. Manche Eltern streiten sich erbittert um die Länge der Besuche. Der getrennt lebende Elternteil möchte mehr Zeit mit seinem Kind verbringen, der betreuende Elternteil lehnt das ab. Umgekehrt kann der betreuende Elternteil den Wunsch haben, dass sich der getrennt lebende Elternteil mehr für das Kind engagiert und es häufiger betreut. Wenn es Eltern nicht gelingt, hier eine Einigung zu erzielen, ist es für Kinder letztlich besser, wenn ein Elternteil irgendwann nachgibt. Es ist für Kinder unter dem Strich häufig günstiger, den getrennt lebenden Elternteil etwas kürzer oder weniger häufig zu sehen, als immer wieder die Konflikte ihrer Eltern über dieses Thema aushalten zu müssen.

Nur in Ausnahmefällen sollte von getroffenen Vereinbarungen abgewichen werden.

Am besten ist es, wenn Eltern die Gestaltung der Besuchsregelung selbst in die Hand nehmen und nicht darauf warten, dass ihr Kind den Wunsch nach einem Besuch beim getrennt lebenden Elternteil äußert. Kindern fällt es schwer, sich frei zu äußern, wenn sie zu Hause Negatives über den getrennt lebenden Elternteil hören und wenn sie täglich miterleben, wie sehr ihre Mutter oder ihr Vater durch das Verhalten des anderen Elternteils belastet und aufgebracht ist. Kindern fällt es auch schwer, den Wunsch nach einem Besuch zu äußern, wenn sie sich nach der Trennung ihrer Eltern nicht sicher sind, ob der getrennt lebende Elternteil sie jetzt noch gern hat. Da viele Kinder nach einer Trennung Angst haben, ihre Beziehung zu demjenigen Elternteil, der auszieht, zu verlieren, ist es für sie eine Beruhigung, wenn sich ihre Eltern darum küm-

Eltern müssen im Interesse ihres Kindes die Initiative übernehmen.

mern, dass regelmäßige Treffen stattfinden können. (→ Umgangsvereinbarung, S. 55)

Besuchskontakte festigen die Beziehung zwischen Eltern und Kind

Untersuchungen sprechen dafür, dass sich Besuchskontakte positiv auf die psychische Befindlichkeit von Kindern und ihre Entwicklung auswirken, wenn Kinder eine positive Beziehung zum besuchten Elternteil haben, wenn dieser seine Erziehungsverantwortung bei den Besuchen wahrnimmt und gegenüber dem Kind ein förderliches Verhalten zeigt (Friedrich et al. 2004; → Kap. 6, „Erziehung – beide Elternteile erziehen"). Ein hohes und positives Engagement des getrennt lebenden Elternteils in den ersten fünf Jahren nach der Trennung wirkt sich positiv darauf aus, wie Kinder als junge Erwachsene ihre Beziehung zu diesem Elternteil einschätzen. Untersuchungen zeigen auch, dass nicht die Quantität des Kontakts sondern vielmehr die Qualität des Kontakts dafür ausschlaggebend ist, ob Kinder von regelmäßigen Besuchen profitieren und ihre Beziehung zum getrennt lebenden Elternteil aufrechterhalten und festigen können. Wenn Kinder seltener als einmal im Monat zum getrennt lebenden Elternteil Kontakt haben, haben sie jedoch eine distanziertere Einstellung zu diesem Elternteil und fühlen sich in der Beziehung zu ihm unsicherer als Kinder mit häufigerem Kontakt (Walper / Gerhard 2003). Regelmäßige Besuchskontakte können für Kinder zur Belastung werden, wenn es den Eltern nicht gelingt, ihre Konflikte nach der Trennung zu begrenzen und ihre Kinder aus den Konflikten herauszuhalten (Kindler / Schwabe-Höllein 2002).

So können Sie den Umgang gestalten
Übergabe des Kindes

▸ Gestalten Sie die Übergaben Ihres Kindes friedlich (→ Kap. 6, „Elternkooperation"). Wenn es zwischen Ihnen und Ihrem Ex-Partner doch einmal zum Streit kommt, ist das für Ihr Kind belastend. Zum Problem wird es aber erst, wenn elterliche Streitigkeiten bei den Übergaben häufig vorkommen oder zur Regel werden.

‣ Wenn es bei den Übergaben des Kindes regelmäßig zu Konflikten zwischen Ihnen und dem anderen Elternteil kommt, sollten direkte Zusammentreffen vermieden werden. Wenn Ihr Kind schon älter ist, kann es den Weg zwischen der Wohnung und der Haustür bzw. dem Gartentor allein zurücklegen. Wenn Ihr Kind dazu noch zu jung ist, können andere Bezugspersonen die Übergaben des Kindes übernehmen. Auch die Übergabe im Kindergarten kann eine Entlastung sein und Konflikte in Anwesenheit des Kindes vermeiden helfen. Der Besuchselternteil kann das Kind z.B. am Freitagnachmittag im Kindergarten abholen und nach dem Besuchswochenende am Montagmorgen wieder in den Kindergarten bringen.

Konflikte bei der Übergabe belasten das Kind.

Besuchszeiten / Besuchsregelung

‣ Wenn Sie und der andere Elternteil nach der Trennung sehr zerstritten sind, ist es für alle Beteiligten besser, feste Besuchszeiten zu vereinbaren, die längere Zeit gelten und an die Sie sich zuverlässig halten. So müssen Sie sich mit dem anderen Elternteil nicht immer wieder neu einigen. Feste Besuchszeiten geben dem getrennt lebenden Elternteil und auch dem Kind die Sicherheit, dass sie sich regelmäßig sehen werden. Ohne feste Besuchszeiten kann es passieren, dass das Kind ständig auf den Besuch des getrennt lebenden Elternteils wartet.

‣ Halten Sie vereinbarte Abhol- und Rückgabezeiten verlässlich ein. Von den Vereinbarungen sollte nur abgewichen werden, wenn es nicht anders geht. Wenn Sie einmal verhindert sind oder erst später kommen können, informieren Sie den anderen Elternteil frühzeitig darüber. Ihr Kind wartet ab einer bestimmten Zeit auf Sie und ist enttäuscht, wenn Sie ständig zu spät kommen. Und ihr Ex-Partner wird sich Sorgen machen, dass etwas passiert sein könnte, wenn Sie Ihr Kind immer wieder zu spät zurück bringen.

‣ Achten Sie darauf, dass Ihr Kind auch regelmäßig Wochenenden bei dem betreuenden Elternteil verbringen kann. Eine Besuchsregelung, die beinhaltet, dass Ihr Kind den Alltag unter der Woche immer bei dem einen Elternteil und die Wochenenden immer

Auch Wochenenden beim betreuenden Elternteil sind wichtig.

bei dem anderen Elternteil verbringt, kann für den „Alltagselternteil" mit der Zeit frustrierend sein und auch seine Beziehung zum Kind belasten, da die gemeinsam verbrachte Zeit dann sehr stark von Regeln und Pflichten geprägt ist. Auch der getrennt lebende Elternteil hat u. U. den Wunsch, regelmäßig ein Wochenende ohne Kind zu verbringen.

▶ Sprechen Sie mit Ihrem Ex-Partner ab, wie Sie die „Kleiderfrage" handhaben wollen und halten Sie sich konsequent an diese Absprache. Sie müssen gemeinsam entscheiden, ob Ihr Kind zu einem Besuch Kleidung mitbringt oder ob der getrennt lebende Elternteil eigene Kleidung für das Kind hat. Kleidung, die zu einem Besuch mitgegeben wird, sollte auch verlässlich wieder zurückgegeben werden. Wenn Sie bei einem Besuch Ihres Kindes neue und schöne Kleidungsstücke bei sich behalten und abgetragene, kaputte oder zu kleine Kleidung zurückgeben, führt das beim anderen Elternteil unweigerlich zu großem Ärger. Wenn Sie Ihr Kind im Alltag betreuen und ihm für einen Besuch nur alte und kaputte Kleidung einpacken, wird sich der getrennt lebende Elternteil darüber aufregen.

So bereiten Sie sich auf den Besuch / die Rückkehr Ihres Kindes vor

▶ Lassen Sie Ihr Kind vor bzw. nach einem Besuch innerlich los. Machen Sie sich klar, dass der andere Elternteil ebenfalls sehr wichtig für Ihr Kind ist und Ihrem Kind viel zu geben hat, dass Ihr Kind auch den anderen Elternteil liebt und das Zusammensein mit ihm für eine positive Entwicklung braucht. Wenn Sie Ihr Kind im Alltag betreuen, dann sehen Sie die Besuche des Kindes beim anderen Elternteil als Entlastung und nehmen Sie sich für das Besuchswochenende etwas Schönes vor. Wenn Sie von ihrem Kind getrennt leben und es nur am Wochenende und in den Ferien sehen, nehmen Sie eine positive Haltung dazu ein, dass Ihr Kind seinen Lebensmittelpunkt beim anderen Elternteil hat.

So bereiten Sie Ihr Kind auf den Besuch / die Rückkehr vor

▶ Machen Sie Ihr Kind rechtzeitig darauf aufmerksam, dass es demnächst zum anderen Elternteil wechseln wird und packen Sie die Sachen Ihres Kindes rechtzeitig ein. Sie können mit Ihrem Kind darüber sprechen, dass sich der andere Elternteil sehr auf den Besuch bzw. die Rückkehr freut und Ihr Kind dazu anregen, sich vorzustellen, was es gleich Schönes mit dem anderen Elternteil machen wird. Wartezeiten können mit dem Lesen eines Buchs oder einem gemeinsamen Spiel überbrückt werden. Wenn Ihr Kind keine Lust auf den Besuch oder die Rückkehr hat oder sich bei der Übergabe nur schwer von Ihnen lösen kann, reden Sie Ihrem Kind gut zu und vermitteln Sie ihm, dass es in Ordnung ist, den anderen zu besuchen bzw. beim anderen Elternteil zu leben. Wenn Sie Ihr Kind im Alltag betreuen, dann nehmen Sie sich für das Wochenende, an dem Ihr Kind beim anderen Elternteil sein wird, keine besonderen Aktivitäten vor, an denen Ihr Kind gern teilnehmen würde. Sonst wird es Ihrem Kind schwer fallen, zum Besuchswochenende aufzubrechen.

So gestalten Sie die gemeinsame Zeit

▶ Wenn Sie von Ihrem Kind getrennt leben, dann lassen Sie sich und Ihrem Kind nach der Trennung Zeit, sich auf die Besuchsregelung einzustellen und Ihre Beziehung unter veränderten Voraussetzungen weiterzuführen. Sie und Ihr Kind brauchen ausreichend Zeit, um herauszufinden, wie Sie die gemeinsamen Wochenenden oder Ferien am besten gestalten können. Legen Sie nicht zu viele Erwartungen in die ersten Besuche. Nehmen Sie negative Verhaltensweisen Ihres Kindes oder seine schlechte Laune nicht persönlich. Gehen Sie beim ersten Besuch Ihres Kindes zusammen einkaufen und besorgen Sie alle wichtigen Utensilien (z.B. Zahnbürste, Spieluhr, Lieblings-CD, Malstifte), die Ihr Kind benötigt, um auch bei Ihnen ein Zuhause zu haben. Wenn Sie Ihr Kind im Alltag betreuen, können Sie die Besuche unterstützen, indem Sie dem getrennt lebenden Elternteil Tipps für gemeinsame Aktivitäten geben oder ihn darüber informieren, was Ihr Kind zurzeit gern spielt oder isst.

Eltern und Kinder brauchen Zeit, um sich an die Besuchsregelung zu gewöhnen.

⬤ Sie müssen Ihrem Kind bei den Besuchen kein tolles Freizeitprogramm bieten. Ihrem Kind geht es in erster Linie darum, Sie zu sehen und Ihre Beziehung zu stärken. Dazu braucht Ihr Kind viel direkten Austausch und gemeinsame Beschäftigung mit Ihnen. Ständige außerhäusliche Aktivitäten oder stundenlanges Fernsehen und Computerspielen kann Nähe zwischen Ihnen und Ihrem Kind verhindern (→ Kap. 6, „Das Kind verweigert die Besuche beim anderen Elternteil").

> **Gemeinsam verbrachte Zeit stärkt die Beziehung zwischen Ihnen und Ihrem Kind.**

⬤ Ihr Kind sollte bei einem Besuch regelmäßig auch Zeit allein mit Ihnen verbringen können. Das kann bei einer Unternehmung zu zweit sein oder beim Spiel zu zweit im Kinderzimmer. Ein neuer Partner, dessen Kinder und andere Familienangehörige sollten sich dann zurückhalten.

⬤ Kinder sind keine Automaten, die auf Knopfdruck immer gleich funktionieren. Kinder können einen schlechten Tag haben oder aufgrund einer wichtigen Verabredung den Wunsch haben, am geplanten Besuchswochenende ausnahmsweise lieber in ihrem gewohnten Zuhause zu bleiben. Gehen Sie nicht sofort davon aus, dass der andere Elternteil dahinter steckt und den Besuch verhindern will oder dass Ihr Kind die Besuche bei Ihnen grundsätzlich ablehnt. Versuchen Sie, mit einer solchen Situation gelassen umzugehen und gemeinsam mit dem anderen Elternteil eine gute Lösung zu finden.

Das sollten Sie auch noch bedenken

⬤ Wenn Ihr Kind Sie besucht, treffen Sie keine eigenmächtigen Entscheidungen über wichtige Belange des Kindes, die im Entscheidungsbereich des betreuenden Elternteils liegen (→ Kap. 4, „Die elterliche Sorge").

⬤ Behandeln Sie die Besuchsregelung losgelöst von anderen Themen. Setzen Sie den Kontakt des Kindes zum anderen Elternteil nicht als Druckmittel ein, um finanzielle oder materielle Ansprüche durchzusetzen.

⬤ Suchen Sie bei auftretenden Problemen möglichst schnell das gemeinsame Gespräch mit dem anderen Elternteil (→ Kap. 6, „Elternkooperation").

▶ Überprüfen Sie die genauen Modalitäten der Besuchsregelung von Zeit zu Zeit gemeinsam mit dem anderen Elternteil und passen Sie die Regelung den möglicherweise veränderten Voraussetzungen an (→ Kap. 9, „Die Kinder werden älter").

 Wenn die Wohnorte der Eltern weit auseinander liegen, bietet sich getrennt lebenden Eltern im Internet unter www.mein-papa-kommt.de eine kostengünstige Möglichkeit, während des Besuchswochenendes am Wohnort des Kindes zu übernachten.

Der Kontakt des Kindes zu Familienangehörigen und Freunden der Eltern

Für Kinder ist es eine Bereicherung, wenn sie zu den Familienangehörigen und Freunden beider Eltern Kontakt haben können. Durch regelmäßigen Kontakt zu Verwandten und Bekannten fühlen sich Kinder als Teil einer größeren Gemeinschaft und erleben ein hohes Maß an Zugehörigkeit. Großeltern können ihren Enkelkindern in der Trennungszeit in besonderer Weise zur Seite stehen, indem sie sich mit ihnen beschäftigen, sich ihre Sorgen anhören und damit auch die Eltern entlasten. Den Kontakt zu Freunden und Bekannten können Kindern nach der Trennung ihrer Eltern aber nur dann unbeschwert genießen, wenn die Verwandten und Freunde des einen Elternteils in Anwesenheit des Kindes nicht negativ über den anderen Elternteil sprechen. Gerade Großeltern haben oft große Probleme damit, die Trennungssituation zu verarbeiten. Für sie ist es sehr schmerzhaft zu erleben, dass die Familie ihres Kindes auseinander bricht und sie machen sich viele Gedanken darüber, wie das Leben für ihre Enkelkinder weitergehen wird. Viele haben Angst, dass sie im Zuge der Trennung den Kontakt zu ihren Enkelkindern verlieren werden, z.B. wenn der andere Elternteil mit den Kindern wegziehen will. Für viele Großeltern ist es naheliegend, sich mit ihrem eigenen Kind zu

Der Kontakt zu Verwandten und Großeltern tut Kindern gut.

solidarisieren, manche Großeltern nehmen aber auch die Sichtweise ihres Schwiegerkindes ein und distanzieren sich von ihrem eigenen Kind. Eltern können es als Unterstützung erleben, wenn sich die Verwandten und Freunde im Trennungskonflikt auf ihre Seite stellen und den anderen Elternteil ebenfalls mit kritischen Augen sehen. Manche Eltern arbeiten gezielt darauf hin, indem sie den anderen immer wieder negative Informationen liefern; manche hoffen, dass sich der Partner von anderen umstimmen lassen und die Beziehung doch weiterführen wird.

Für die betroffenen Kinder ist es sehr wichtig, dass die Verwandten und Freunde der Eltern nicht in ein Schwarz-Weiß-Denken verfallen, sondern sich aus dem Trennungskonflikt der Eltern heraushalten. Für Kinder ist es äußerst belastend, wenn sie von ihren Bezugspersonen hören müssen, wie verantwortungslos der andere Elternteil handelt, wie schlecht er sich um das Kind kümmert oder wie schlampig die Kleidung des Kindes wieder aussieht.

Tipp

→ *Im Kontakt mit Verwandten und Großeltern sollte das Kind im Vordergrund stehen, nicht die Streitigkeiten der Eltern.*

Es ist für Kinder zudem sehr belastend, wenn die Großeltern am Ende eines Besuchs in Tränen ausbrechen, weil sie es psychisch kaum verkraften, ihr Enkelkind erst in den nächsten Schulferien wiederzusehen. Kinder fühlen sich dann verantwortlich für die Großeltern und haben ein schlechtes Gewissen, wenn sie zum betreuenden Elternteil zurückkehren. Es ist die Aufgabe der Eltern dafür zu sorgen, dass ihre Kinder im Zusammensein mit weiteren Bezugspersonen nicht auf diese Weise belastet werden. Eltern müssen darauf hinarbeiten, dass Verwandte und

Freunde in Anwesenheit des Kindes zumindest eine neutrale Haltung zum anderen Elternteil einnehmen.

Das Kind verweigert die Besuche beim anderen Elternteil

Wenn ein Kind die Besuche beim anderen Elternteil ablehnt, machen sich Eltern häufig schnell gegenseitig dafür verantwortlich. Der getrennt lebende Elternteil geht davon aus, dass derjenige Elternteil, bei dem das Kind den Alltag verbringt, einen negativen Einfluss auf das Kind ausübt. Der betreuende Elternteil wiederum führt die Ablehnung des Kindes auf negative Verhaltensweisen des getrennt lebenden Elternteils zurück. Beide Sichtweisen sind zu kurz gegriffen. Eine ablehnende Haltung des Kindes zu Besuchskontakten kann verschiedene Ursachen haben. Dabei spielen die Beziehungen des Kindes zu seinen Eltern sowie die Möglichkeiten des Kindes, die Trennung der Eltern und die elterlichen Konflikte zu verarbeiten, eine wichtige Rolle (Figdor 1994; Kindler / Schwabe-Höllein 2002; Salzgeber et al. 1999). Häufig hängen die verschiedenen Ursachen sehr stark miteinander zusammen und bedingen sich gegenseitig.

Wenn Kinder Besuche beim anderen Elternteil ablehnen, kann das verschiedene Ursachen haben.

Ursachen, die beim Kind liegen können

Junge Kinder trennen sich meist nicht gerne von ihrer Hauptbezugsperson.

Bei Kindern bis zum Alter von vier Jahren kann eine ablehnende Haltung zum Kontakt mit dem getrennt lebenden Elternteil damit zusammenhängen, dass sie Angst davor haben, sich von ihrer Hauptbezugsperson zu trennen und dadurch ihre emotionale Sicherheit zu gefährden. Verstärkt werden kann das Unbehagen des Kindes, wenn der Elternteil, bei dem es seinen Lebensmittelpunkt hat, bei der Übergabe sehr gestresst ist oder wenn es zwischen den Eltern bei den Übergaben häufig zu Konflikten kommt. Kinder verbinden den Wechsel zum getrennt lebenden Elternteil dann mit Stress bzw. mit Unbehagen und können den Wechsel zum anderen Elternteil als Folge davon ablehnen. Kleinkinder fangen in einer solchen Situation z. B. an zu weinen und verstecken sich hinter ihrer Mutter oder ihrem Vater, wenn der andere Elternteil vor der Tür steht. Säuglinge schreien, wenn sie auf den Arm des anderen Elternteils wechseln sollen und lassen sich kaum beruhigen.

Kinder ab dem Vorschulalter setzen sich intensiv mit den Sichtweisen ihrer Eltern auseinander. Sie identifizieren sich mit der Haltung ihrer Mutter zum Vater, wenn sie bei der Mutter sind und identifizieren sich mit der Haltung des Vaters zur Mutter, wenn sie beim Vater sind. Je älter Kinder werden, desto mehr nehmen sie wahr, wie unvereinbar die Sichtweisen und Standpunkten ihrer Eltern oft sind. Ausgeprägte Loyalitätskonflikte sind die Folge. Wenn Eltern nach ihrer Trennung anhaltend streiten und Kinder die Auseinandersetzungen bei den Übergabesituationen häufig miterleben müssen oder von beiden Eltern ständig über den Inhalt der Auseinandersetzungen informiert werden, können die gefühlsmäßigen Ambivalenzen für Kinder so unerträglich werden, dass sie den Kontakt zum getrennt lebenden Elternteil schließlich ablehnen, um sich vor den Konflikten

Elternkonflikte überfordern Kinder.

der Eltern zu schützen. Je heftiger die Eltern streiten und je länger der elterliche Streit bereits andauert, umso größer ist die Belastung der Kinder und desto naheliegender wird es für Kinder, eine Entlastung herbeizuführen, indem sie auf die Beziehung zum anderen Elternteil verzichten. Häufig geht dem Kontaktabbruch ein Prozess zunehmender Ablehnung des getrennt lebenden Elternteils voraus. Auch eine neue Partnerschaft des getrennt lebenden Elternteils kann für Kinder Anlass dafür sein, Besuche abzulehnen, besonders wenn die neue Partnerschaft der Auslöser für die Trennung der Eltern war. Kinder können sich durch eine neue Partnerschaft des getrennt lebenden Elternteils auch zurückgesetzt und vernachlässigt fühlen und Besuche aus diesem Grund ablehnen.

Ursachen, die bei den Eltern liegen können

Beide Eltern haben mit ihrem Verhalten Einfluss darauf, ob ihr Kind die Besuche beim getrennt lebenden Elternteil positiv erlebt oder ob die Besuche zur Belastung werden. Häufig machen sich beide Eltern gegenseitig vor ihren Kindern schlecht und belasten so die Beziehung ihrer Kinder zum jeweils anderen Elternteil.

Der betreuende Elternteil kann die Bereitschaft seines Kindes, sich auf Besuche beim getrennt lebenden Elternteil einzulassen, sehr stark verringern, wenn er sich vor dem Kind immer wieder negativ über den anderen Elternteil äußert und dem Kind vor Augen führt, dass der andere Elternteil eine negative Persönlichkeit hat und an den vorhandenen Problemen Schuld ist. Wenn der betreuende Elternteil sein Kind immer wieder dazu anhält, sich negativ über den anderen Elternteil und die Besuche bei ihm zu äußern, wenn er seinem Kind vermittelt, dass der andere Elternteil das Kind gar nicht liebt oder dass die neue Partnerschaft dem anderen Elternteil wichtiger ist als das Kind, verändert sich allmählich auch die Einstellung des Kindes zum getrennt lebenden Elternteil. Das kann dazu führen, dass sich Kinder zunehmend ungeliebt fühlen und den anderen Elternteil schließlich ablehnen (→ Kap. 6, „Eltern beeinflussen ihre Kinder").

Eine ablehnende Haltung des betreuenden Elternteils gegenüber dem Ex-Partner kann sich auf das Kind übertragen.

Wenn Kinder den getrennt lebenden Elternteil nur noch negativ sehen, obwohl sie dafür keine richtigen Gründe nennen können, wenn sie frühere positive Erinnerungen an den anderen Elternteil vollständig verdrängt haben und wenn es gleichzeitig Hinweise darauf gibt, dass der betreuende Elternteil systematisch darauf hingearbeitet hat, das Kind dem getrennt lebenden Elternteil zu entfremden, wird auch vom „Parental Alienation Syndrom (PAS)" gesprochen (Dettenborn 2001).

Der betreuende Elternteil kann auch – ob begründet oder unbegründet – große Angst haben, sein Kind zum anderen Elternteil zu lassen, weil er davon ausgeht, dass das Kind dort negative Erlebnisse haben wird oder der andere Elternteil seine Verantwortung gegenüber dem Kind nicht richtig wahrnehmen wird. Manche Eltern haben Angst, ihre Kinder zum getrennt lebenden Elternteil zu lassen, weil dieser in einer neuen Partnerschaft lebt und sie befürchten, dass das Kind lieber dort in einer intakten Familiensituation leben möchte als bei ihnen. Eltern können derartige Ängste auf ihr Kind übertragen und das Kind so in seiner Beziehung zum anderen Elternteil verunsichern. Manchen Eltern geht es nach der Trennung psychisch so schlecht, dass sie in der Beziehung zu ihren Kindern Halt und Sicherheit suchen (→ Kap.1, „Wie sich die Kinder fühlen"). Diese Eltern halten es nicht aus, wenn sie das Besuchswochenende ohne ihre Kinder verbringen sollen. Sie vermitteln ihren Kindern, dass es ihnen am Besuchswochenende sehr schlecht geht,

Manche Elternteile haben Angst, dass es ihrem Kind beim anderen Elternteil besser gefällt.

weil sie sich ohne ihre Kinder allein und einsam fühlen. Wenn sich Kinder in einer solchen Beziehungskonstellation für ihre Eltern verantwortlich fühlen, fällt es ihnen sehr schwer, sich auf Besuche beim anderen Elternteil einzulassen. Auch, wenn der betreuende Elternteil seinem Kind immer wieder vermittelt, dass er Besuche nicht gut findet, z.B. weil er mit einem neuen Partner ein neues Leben aufbauen möchte und der andere Elternteil dabei stört, können Kinder aus Loyalität zu dem betreuenden Elternteil Besuche schließlich ablehnen.

Auch der getrennt lebende Elternteil kann sein Kind in der Weise beeinflussen, dass es eine ablehnende Haltung zu den Besuchskontakten einnimmt. Er kann durch die Trennung und das aktuelle Verhalten seines früheren Partners so verletzt und aufgebracht sein, dass er sich vor dem Kind immer wieder negativ über den anderen Elternteil äußert, das Kind dazu auffordert, sich ebenfalls negativ zu äußern oder dem Kind vermittelt, dass der betreuende Elternteil das Kind nicht liebt. Für Kinder ist es nur schwer auszuhalten, ständig Negatives über denjenigen Elternteil zu hören, bei dem sie ihren Lebensmittelpunkt haben. Manche Eltern unterziehen ihre Kinder bei den Besuchen regelrechten „Verhören", um immer mehr negative Informationen über den betreuenden Elternteil zu erhalten. Andere Eltern arbeiten systematisch daran, die Erziehungsverantwortung des betreuenden Elternteils zu untergraben, indem sie das Kind offen zum Widerstand ermutigen oder dem Kind bei den Besuchen extra viel erlauben, um so beim Kind Widerstand gegen die Erziehung des betreuenden Elternteils zu erzeugen. Auf diese Weise kann die Beziehung des Kindes zum betreuenden Elternteil massiv gestört werden, was die Zufriedenheit des Kindes im Alltag sehr stark beeinträchtigt. Manche Kinder entwickeln mit der Zeit ein so negatives Bild vom betreuenden Elternteil, dass sie schließlich äußern, lieber beim getrennt lebenden Elternteil wohnen zu wollen (→ Kap. 9, „Das Kind will zum anderen Elternteil ziehen"). Kinder können sich durch das Verhalten des besuchten Elternteils aber auch so stark belastet fühlen, dass sie die Besuche

Manche Eltern stacheln ihr Kind gegen den anderen auf.

schließlich verweigern, um sich und ihre Beziehung zum betreuenden Elternteil auf diese Weise zu schützen.

Schließlich kann auch die Beziehung des Kindes zum getrennt lebenden Elternteil die Ursache dafür sein, dass das Kind die Besuche gleich nach der Trennung oder nach einiger Zeit ablehnt. Nicht alle Eltern schaffen es vor der Trennung, eine gute Beziehung zu ihren Kindern aufzubauen und ihren Kindern mit ausreichend Liebe, Interesse und Verständnis zu begegnen. Manche Eltern haben sich vor der Trennung in erster Linie um ihren Beruf gekümmert, waren abends zu müde, um sich mit ihren Kindern zu beschäftigen und hatten am Wochenende andere Interessen. Bei den Besuchen sollen diese Eltern plötzlich sehr viel Zeit mit ihren Kindern verbringen. Nicht alle Eltern haben Lust, sich auf diese veränderte Situation und eine engere Beziehung zu ihren Kindern einzulassen. Sie setzen ihre Kinder bei den Besuchen vor den Fernseher oder Computer oder überlassen die Betreuung der Kinder den Großeltern bzw. neuen Partnern. Andere Eltern verhalten sich im direkten Kontakt mit ihrem Kind immer wieder negativ. Sie nehmen die Wünsche und Bedürfnisse ihrer Kinder nicht ernst, weil sie der neuen Partnerschaft den Vorrang geben oder weil sie am Besuchswochenende unbedingt einem Hobby nachgehen wollen,

Kinder können den Kontakt zum getrennt lebenden Elternteil ablehnen, wenn sie spüren, dass dieser kein Interesse an ihnen hat.

welches die Kinder langweilt, sie schreien ihre Kinder ständig an oder schlagen sie. Auch Versprechungen, wie Schwimmbad- oder Kinobesuche, die von Eltern immer wieder nicht eingehalten werden, oder das Absagen von Besuchsterminen sowie ständiges Zuspätkommen, können Kinder in der Beziehung zu ihren Eltern enttäuschen und dazu führen, dass sie die Besuche beim getrennt lebenden Elternteil schließlich ablehnen.

Situationsbedingte Ablehnungen eines Besuchs

Die meisten Kinder äußern irgendwann einmal, dass sie den anderen Elternteil nicht besuchen wollen. Kinder haben auch nicht immer Lust, in den Kindergarten, die Schule, zum Turnen oder zum Fußball zu gehen. Wenn das Kind einen Besuch ablehnt, sollten Eltern zunächst einmal gelassen damit umgehen und sich sagen, dass das ganz normal ist. Wenn beide Eltern ihr Kind dazu motivieren, den Besuch dennoch wahrzunehmen, lassen sich Kinder meistens trotz der zuvor geäußerten Ablehnung darauf ein und haben beim Besuch viel Spaß.

Tipp

→ Gehen Sie gelassen damit um, wenn Ihr Kind einen Besuch hin und wieder ablehnt!

Vielleicht braucht das Kind aber auch einfach einmal ein Wochenende Pause, weil es gerade sehr stark die Nähe zum betreuenden Elternteil sucht oder weil es in seinem vertrauten Umfeld bleiben will.

Hartnäckige Ablehnung von Besuchen

Wenn Kinder immer wieder äußern, den anderen Elternteil nicht besuchen zu wollen, sollten Eltern das gemeinsame Gespräch suchen und zusammen überlegen, wo die Ursachen dafür liegen könnten (→ Kap. 3, „Die sieben Schritte zu einer gelungenen Kommunikation"). Manchmal muss die Übergabe des Kindes anders gestaltet werden oder die Eltern müssen sich stärker bemühen, ihr Kind aus den elterlichen Streitigkeiten herauszuhalten. Hilfreich kann es sein, wenn der betreuende Elternteil dem anderen mitteilt, worüber sich das Kind nach den Besuchen beschwert. Dabei sollte er nicht in eine Vorwurfshaltung verfallen, sondern vor allem daran interessiert sein, dass die Besuchsregelung in Zukunft besser funktionieren wird. Er kann dem getrennt lebenden Elternteil auch Tipps geben, wie die gemeinsame Zeit besser gestaltet werden kann. Der getrennt lebende Elternteil sollte sich in diesem Moment auf den Sachinhalt der Äußerung konzentrieren und die Rückmeldung nicht als Vorwurf oder Bevormundung interpretieren (→ Kap. 3, „Die vier Seiten einer Äußerung"). Manchmal kann es auch erforderlich sein, dass sich der betreuende Elternteil in einer Beratung oder Therapie mit seinen Ängsten auseinandersetzt oder dass beide Eltern gemeinsam in Form einer Mediation oder Beratung über die vorhandenen Ängste sprechen und nach einer Lösung suchen.

Tipp

→ *Versuchen Sie, gemeinsam herauszufinden, warum Ihr Kind Besuche bei einem Elternteil ablehnt!*

Wenn die Ablehnung des Kindes anhält und Eltern nicht in der Lage sind, sich darüber auszutauschen und die Bedingungen für das Kind zu verbessern, sollten Eltern professionelle Hilfe durch das Jugendamt oder eine Erziehungsberatungsstelle in Anspruch nehmen. Eltern sollten hiermit nicht zu lange warten, da sich eine ablehnende Haltung beim Kind schnell verfestigen kann und es Kindern dann schwer fällt, sich unter veränderten Bedingungen wieder auf den getrennt lebenden Elternteil einzulassen.

Führen sämtliche Bemühungen nicht zum Erfolg und konnte auch ein Begleiteter Umgang (→ S. 153) oder eine „Umgangspflegschaft" (→ Kap. 7, „Der Kontakt mit dem Kind") nicht dazu beitragen, das Kind für erneute Kontakte zu öffnen, bleibt dem getrennt lebenden Elternteil letztlich nichts anderes übrig, als den Kontaktabbruch hinzunehmen. Das ist für Eltern äußerst schmerzhaft und führt häufig zu großer Verbitterung. Eltern sollten versuchen, für die schwierige Situation nicht ihr Kind verantwortlich zu machen. Mit regelmäßigen Geburtstagskarten können sie ihrem Kind zeigen, dass sie ihm in Gedanken weiter verbunden sind. Eltern dürfen auf solche Karten keine Antwort erwarten. Für die meisten Kinder bedeuten solche Karten viel, auch wenn sie es nicht zeigen oder sich beim betreuenden Elternteil über den Geburtstagsgruß beschweren. Eltern sollten offen dafür sein, dass ihr Kind den Kontakt zu ihnen zu einem späteren Zeitpunkt wieder suchen wird. Häufig ist das erst in der Pubertät der Kinder oder noch später, nach der Ablösung vom Elternhaus der Fall. Wenn sich ihr Kind nach Jahren wieder bei ihnen meldet, sollten Eltern sehr behutsam vorgehen. Auf keinen Fall sollten sie die Wiederaufnahme der Beziehung zum Anlass nehmen, ihr Kind darüber aufzuklären, was in der Vergangenheit alles passiert ist. Besser ist es, in einer solchen Situation die Vergangenheit ruhen zu lassen und auf eine gemeinsame Zukunft hinzuarbeiten.

Wann Besuchskontakte schaden

Es ist unbestritten, dass Besuchskontakte Kindern unter bestimmten negativen Voraussetzungen auch schaden können. Das ist z.B. der Fall, wenn der getrennt lebende Elternteil während der Besuche übermäßig Alkohol oder Drogen konsumiert und seiner Fürsorgepflicht nicht nachkommen kann. Untersuchungen sprechen dafür, dass sich regelmäßige Besuchskontakte auch dann negativ auf Kinder auswirken können, wenn es in der Beziehung der Eltern vor der Trennung zu schwerer Partnerschaftsgewalt kam und diese von dem Elternteil ausgegangen ist, der nach der Trennung nicht mit den Kindern zusammen lebt (Friedrich et al. 2004). Wenn ein Elternteil davon ausgeht, dass es seinem Kind schaden könnte, mit dem anderen Elternteil Kontakt zu haben, sollte er eine professionelle Beratung (→ Kap. 3, „Beratungsangebote") aufsuchen, um dort zu klären, ob seine Befürchtung berechtigt ist und welche Schritte gegebenenfalls unternommen werden müssen.

Der Begleitete Umgang

Begleiteter Umgang ist unter bestimmten Voraussetzungen eine gute oder sogar die einzige Möglichkeit, Kontakte zwischen dem Kind und dem getrennt lebenden Elternteil durchzuführen (Friedrich et al. 2004).

Gründe, die für einen Begleiteten Umgang sprechen:

▶ Das Kind lehnt den Kontakt zum getrennt lebenden Elternteil ab.

▶ Es besteht die Gefahr, dass das Kind bei einem Besuch aufgrund der eingeschränkten Erziehungskompetenz seines Vaters oder seiner Mutter Schaden nimmt.

▶ Der getrennt lebende Elternteil hetzt das Kind bei den Besuchen aufgrund einer mangelnden Bindungstoleranz sehr stark gegen den betreuenden Elternteil auf.

▶ Der Kontakt zwischen dem Kind und dem getrennt lebenden Elternteil wurde für längere Zeit unterbrochen oder hat noch nie bestanden.

▶ Der betreuende Elternteil hat große Vorbehalte gegen Besuche.

▶ Die Eltern streiten sich bei den Übergaben ihres Kindes immer wieder.

Begleiteter Umgang bedeutet, dass eine neutrale Person, z. B. ein Mitarbeiter des Kinderschutzbundes oder einer Erziehungsberatungsstelle, bei den Kontakten anwesend ist und auch die Übergaben des Kindes organisiert und begleitet. Die Kosten eines Begleiteten Umgangs werden vom Jugendamt übernommen, wenn er gerichtlich angeordnet wurde (→ Kap. 7, „Der Kontakt mit dem Kind"). Wenn die Eltern es nicht schaffen, die Übergaben des Kindes

Begleiteter Umgang kann eine Möglichkeit sein, Kontakte wieder herzustellen.

friedlich zu gestalten, die Beziehung des Kindes zum getrennt lebenden Elternteil jedoch ungestört ist, kann ein Begleiteter Umgang auch lediglich die Übergaben des Kindes umfassen.

Informationen zu Angeboten finden Eltern im Internet, wenn sie unter dem Stichwort „Begleiteter Umgang" auch ihren Wohnort bzw. eine Stadt in ihrer Nähe eingeben, über den Deutschen Kinderschutzbund oder das örtliche Jugendamt.

Das Wechselmodell – Kinder haben zwei gleichwertige Zuhause

Nur wenige Eltern entscheiden sich dafür, ihre Kinder nach dem Wechselmodell zu betreuen (→ Kap. 2, „Mögliche Aufenthaltsmodelle"). Das Wechselmodell stellt hohe Anforderungen an die betroffenen Eltern und ihre Kinder und sollte daher nur dann praktiziert werden, wenn die Voraussetzungen dafür grundsätzlich stimmen. Untersuchungen aus den USA belegen, dass Kinder, die im Rahmen des Wechselmodells betreut und versorgt werden, nicht weniger Schwierigkeiten haben, sich an die Trennung der Eltern anzupassen, als Kinder, die überwiegend mit einem Elternteil zusammenleben. Etwa ein Drittel der im Wechselmodell betreuten Kinder hat Probleme, sich auf diese Lebensform einzustellen (Kostka 2006).

Das Wechselmodell erfordert Flexibilität, Engagement und Organisationstalent.

Eine wichtige Voraussetzung für das Gelingen des Wechselmodells ist, dass beide Eltern dieses Modell befürworten. Es erfordert von Eltern viel Flexibilität, Engagement und Organisationstalent, sich die Zuständigkeit für ein Kind nach der Trennung auch im Alltag zu teilen. Beide Eltern sollten bereit sein, diesen

Aufwand zu leisten. Eltern, die das Wechselmodell praktizieren, müssen sich im Alltag immer wieder auf veränderte Gegebenheiten einstellen und auch ihre Berufstätigkeit in Abhängigkeit davon, ob ihr Kind gerade bei ihnen ist oder nicht, anders organisieren. Eltern müssen ihr Kind dabei unterstützen, immer wieder alle wichtigen Dinge verlässlich hin und her zu transportieren. Betroffene Kinder leiden häufig darunter, dass wichtige Dinge vergessen werden und dass sie keinen ausreichenden Überblick darüber haben, welche Hausaufgaben sie schon erledigt haben oder welche Schulsachen sich wo befinden. Eltern, die das Wechselmodell praktizieren, müssen auch bereit sein, sich ständig über ihr Kind auszutauschen. Dazu müssen sie eventuelle negative Gefühle gegenüber dem früheren Partner kontrollieren können und in der Lage sein, sich abzustimmen und zu kooperieren (→ Kap. 6, „Elternkooperation"). Eltern, die ihr Kind etwa jeweils zur Hälfte betreuen, müssen sich viel intensiver und umfassender austauschen, als Eltern die sich für das Residenzmodell entschieden haben, damit der Alltag für ihre Kinder reibungslos läuft.

> **Eltern, die das Wechselmodell praktizieren, müssen sich kontinuierlich absprechen und austauschen.**

Eltern sollten sich im Interesse ihres Kindes nur dann für das Wechselmodell entscheiden, wenn sie dazu bereit und in der Lage sind, diesen Mehraufwand zu leisten und wenn auch ihr Kind bereit ist, die ständigen Wechsel auf sich zu nehmen. Wie bei vielen anderen Fragen sollten die Bedürfnisse und Interessen des Kindes auch hier an erster Stelle stehen. Eltern sollten herausfinden, ob ihr Kind das Wechselmodell befürwortet und wenn ja, ob es das tut, weil es den Eltern gegenüber fair sein möchte oder weil es aufgrund seiner guten Beziehungen zu beiden Eltern den Wunsch hat, gleich viel Zeit mit beiden zu verbringen. Das Wechselmodell kann nur dann im Interesse des

Kindes praktiziert werden, wenn es sich bei beiden Eltern wohl fühlt und zu beiden Eltern eine gute und vertraute Beziehung hat. Beide Eltern sollten in der Lage sein, ihr Kind zu erziehen und den Alltag für ihr Kind sowie seine Betreuung verlässlich zu organisieren. In den ersten beiden Lebensjahren sollten Kinder möglichst nicht nach dem Wechselmodell betreut werden. Kinder in diesem Alter brauchen die klare Zugehörigkeit zu einer Hauptbezugsperson sowie eine konstante Versorgung und Zuwendung (Unzner 2006; → Kap. 6, „Der Kontakt des Kindes zum anderen Elternteil").

Die Wechsel des Kindes zwischen den Eltern müssen in einem Rhythmus durchgeführt werden, der für das Kind klar und überschaubar ist. Mehrere Wechsel innerhalb einer Woche können Kinder irritieren und dazu führen, dass sie nirgendwo ein richtiges Zuhause haben. Kinder befinden sich dann immer auf der Durchreise und sind ständig damit beschäftigt, ihre Sachen zu packen. Sobald Kinder in die Schule kommen, sollten Eltern das Wechselmodell möglichst nur noch dann praktizieren, wenn sie am selben Wohnort bzw. im selben Stadtteil wohnen. Ist das nicht der Fall, haben Kinder kaum die Möglichkeit, Freundschaften bei beiden Eltern eigenständig zu pflegen. Ab dem Schulalter bekommen Freundschaften für Kinder einen immer höheren Stellenwert und es kann für ein Kind sehr frustrierend sein, wenn es seine Freunde nachmittags nur bei einem Elternteil treffen kann oder von einem Elternteil aus einen deutlich längeren Schulweg hat.

Ein neuer Partner taucht auf

Viele Eltern reagieren sehr empfindlich, wenn ihr früherer Partner eine neue Beziehung eingeht. Neue Partnerschaften können der Auslöser für die Trennung sein und starke Gefühle von Verletzung und Eifersucht auslösen. Auch dann, wenn die neue Beziehung erst nach der Trennung entsteht, kommen viele Eltern nur schwer damit zurecht, dass ein anderer ihren Platz an der Seite des Ex-Partners eingenommen hat. Viele Eltern machen sich darüber hinaus Sorgen, dass die neue Partnerschaft etwas an ihrer Beziehung zum Kind ändern wird. Eltern, die nicht mit ihren Kindern zusammenleben, haben Angst, dass der neue Partner die Rolle eines Elternteils für die Kinder übernehmen wird. Eltern, die ihre Kinder im Alltag betreuen, befürchten, dass ihre Kinder nicht mehr nach Hause zurückkehren wollen, wenn sie bei den Besuchen – bedingt durch die neue Partnerschaft – eine heile Familienwelt erleben, die für sie womöglich viel schöner ist, als das Leben mit nur einem Elternteil.

Für Kinder ist es in der Regel nicht so dramatisch, wenn ein Elternteil oder beide Eltern neue Partner haben. Es kann sie irritieren, wenn ihre Eltern plötzlich mit einem neuen Partner Zärtlichkeiten austauschen. Die neue Partnerschaft kann auch dem Wunsch des Kindes nach einer Wiedervereinigung der Familie entgegenstehen und vom Kind daher zunächst abgelehnt werden. Die meisten Kinder sind jedoch offen dafür, weitere Bezugspersonen in ihrer Familie zu akzeptieren, wenn sie merken, dass sich durch die neue Partnerschaft in der Beziehung zu ihren Eltern nichts Wesentliches ändert. Wenn ihre Eltern ihnen weiter genügend Aufmerksamkeit schenken, ihre Bedürfnisse sensibel wahrnehmen und wie bisher darauf eingehen, dann fühlen sich Kinder trotz

Die meisten Kinder stehen einem neuen Partner offen gegenüber.

einer neuen Partnerschaft weiter sicher und geborgen. Wenn sie bisher eine tragfähige Beziehung zum getrennt lebenden Elternteil hatten, haben sie diesen nicht weniger gern, nur weil jetzt ein neuer Partner an der Seite des betreuenden Elternteils ist. Da eine neue Liebesbeziehung die psychische Befindlichkeit des verliebten Elternteils sehr positiv beeinflusst (→ Kap. 5, „Wie sich die Eltern fühlen"), kann sich die neue Partnerschaft auf diesem Weg sogar positiv auf die Kinder auswirken und ihre Anpassung an die Trennungssituation fördern. Für Kinder wird eine neue Partnerschaft erst dann zum Problem, wenn Eltern und deren Partner wichtige Grundsätze nicht beachten.

Grundsätzlich ist es für Kinder besser, wenn ihre Eltern nicht zu früh mit einem neuen Partner zusammen ziehen. Kinder bringen ansonsten das Scheitern der elterlichen Beziehung leicht mit der neuen Partnerschaft in Verbindung und haben eher Probleme, sich auf die Beziehung zum neuen Partner einzulassen. Auch birgt ein frühes Zusammenziehen für Kinder die Gefahr, dass die neue Beziehung noch nicht gefestigt ist und bald wieder auseinandergeht. Die Lebensumstände ändern sich für die betroffenen Kinder dann erneut. Manche Eltern machen sich Sorgen, dass ihr Kind ablehnend auf die neue Partnerschaft reagieren wird und halten diese längere Zeit vor ihrem Kind geheim. Sie fühlen sich sehr unsicher und fragen hin und wieder bei ihrem Kind vorsichtig nach, ob es einen neuen Partner akzeptieren würde. Auf solche Fragen antworten Kinder nicht selten mit einem klaren Nein, was Eltern weiter verunsichert. Für Kinder ist wichtig, dass ihre Eltern in dieser Situation die Verantwortung übernehmen. Eltern sollten ihren Kindern vermitteln, dass der neue Partner ein Teil der Familie sein wird, dass dieser den Stellenwert des Kindes nicht schmälern wird und dass die Eltern nicht mehr als Paar zusammenkommen werden.

Tipp

So helfen Sie Ihrem Kind dabei, einen neuen Partner zu akzeptieren:

→ *Gehen Sie davon aus, dass Ihr Kind Sie weiter gern hat, auch wenn der andere Elternteil einen neuen Partner hat.*

→ *Akzeptieren Sie, dass Ihr Kind zum neuen Partner des anderen Elternteils eine gute Beziehung hat. Versuchen Sie, Gefühle von Verletzung und Eifersucht nicht vor Ihrem Kind zu zeigen. Unterlassen Sie negative Äußerungen über den neuen Partner, auch wenn es Ihnen schwer fällt. Durch negative Äußerungen wird Ihr Kind verunsichert und gerät in einen Loyalitätskonflikt. Wenn Ihr Kind Ihnen etwas Negatives über das Verhalten des neuen Partners erzählt, suchen Sie das Gespräch mit dem anderen Elternteil und verurteilen Sie den anderen nicht vorschnell.*

→ *Machen Sie sich bewusst, dass es für den anderen Elternteil ein Problem sein kann, wenn Sie einen neuen Partner haben. Sorgen Sie dafür, dass Ihr neuer Partner in den ersten Wochen oder auch Monaten der Beziehung bei den Übergaben Ihres Kindes möglichst nicht anwesend ist.*

→ *Üben Sie die Erziehungsverantwortung gegenüber Ihrem Kind weiter selbst aus. Kinder reagieren häufig mit Ablehnung, wenn ein neuer Partner in die Rolle des Vaters oder der Mutter gedrängt wird. Sätze wie „Du hast mir nichts zu sagen, du bist nicht mein Vater / meine Mutter" sind dann vorprogrammiert. Wenn Sie im Umgang mit Ihrem Kind Probleme haben, vertrauen Sie sich Ihrem Partner an und überlegen Sie gemeinsam mit ihm, wie Sie die Probleme lösen können. Die erzieherische Aufgabe und wichtige Entscheidungen für Ihr Kind sollten Sie jedoch nicht an Ihren Partner abgeben.*

→ *Machen Sie Ihrem Partner klar, dass der andere Elternteil im Leben Ihres Kindes und damit auch in Ihrem Leben weiter eine wichtige Rolle spielen wird und dass Ihr Partner bei Ihrem Kind immer an zweiter oder dritter Stelle kommen wird. Helfen Sie Ihrem Partner dabei, gegenüber dem anderen Elternteil eine positive oder neutrale Haltung einzunehmen. Fordern Sie*

Ihren Partner nicht dazu auf, sich am Konflikt mit dem anderen Elternteil zu beteiligen, indem er den anderen Elternteil beschimpft oder bedroht. Bitten Sie Ihren Partner eher, mit Ihnen zu überlegen, wie Sie Ihre möglicherweise konfliktgeladene Beziehung zum anderen Elternteil entspannen können.

→ Motivieren Sie Ihren Partner dazu, eine Freundschaft zu Ihrem Kind aufzubauen und Ihrem Kind positiv zu begegnen. Es wird Ihrem Kind gefallen, wenn sich Ihr Partner für Ihr Kind interessiert und sich mit ihm beschäftigt. Ihr Kind braucht jedoch Zeit, sich auf Ihren Partner einzustellen und ihn kennenzulernen. Ihr Partner sollte nicht das Ziel haben, sofort eine wichtige Rolle im Leben Ihres Kindes zu spielen oder sein neuer Vater bzw. seine Mutter zu sein. (Hetherington / Kelly 2003; Largo 2009; Ochs / Orban 2008)

Eltern beeinflussen ihre Kinder – Kinder beeinflussen ihre Eltern

Die meisten Eltern gehen davon aus, dass sie Einfluss auf das Verhalten und die Einstellung ihrer Kinder haben. Dennoch unterschätzen viele Eltern den großen Einfluss, den sie nach einer Trennung auf die Beziehung des Kindes zum anderen Elternteil haben. Kinder sind in allen Lebensbereichen auf ihre Eltern angewiesen. Sie werden von ihren Eltern nicht nur versorgt und beschützt, sie lernen von ihren Eltern auch, mit welchen Augen sie andere Menschen sehen können und welche Maßstäbe sie bei der Bewertung ihrer Erfahrungen anlegen sollen. Besonders jüngere Kinder identifizieren sich sehr stark mit den Gefühlen und Sichtweisen ihrer Eltern, ohne dass sie die Möglichkeit haben, diese zu verstehen oder zu hinterfragen.

Selbst wenn Eltern ihrem Kind nicht explizit mit Worten sagen, was sie vom anderen Elternteil halten, vermitteln sie ihrem Kind die eigene Einstellung doch auf andere Weise: Durch die Mimik und Gestik, die sie zeigen, durch ihre Stimmlage, durch Fragen, die sie stellen, und Kommentare, die sie abgeben. Die Kinder erfassen diese direkten und indirekten Botschaften und merken, ob der eine Elternteil es ernst meint, wenn er ihnen ein schönes Wochenende beim anderen Elternteil wünscht, oder ob er im Grunde seines Herzens Angst um seine Kinder hat und sie kaum loslassen kann, weil er dem anderen Elternteil nichts Positives mehr zutraut. Kinder merken an

Kinder sind sensibel für unterschwellige Botschaften.

den Worten und den nonverbalen Äußerungen des einen Elternteils, ob es ihm gefällt, wenn sie von einem schönen Erlebnis mit dem anderen Elternteil berichten, oder ob der eine Elternteil lediglich so tut, als würde er sich freuen, es im Grunde aber kaum aushält, sich vorzustellen, dass die Kinder bei dem anderen Elternteil Spaß haben. Eltern sollten sich dessen immer bewusst sein.

Eltern, die ihren Kindern vermitteln, dass sie sich darüber freuen, wenn ihre Kinder etwas Positives über den anderen Elternteil erzählen und zeigen, dass sie den anderen gern haben, bestärken ihre Kinder darin, offen mit ihren Gefühlen umzugehen und von positiven Erlebnissen zu berichten. Wenn Eltern ihren Kindern auf direkte oder indirekte Weise vermitteln, dass sie es leichter ertragen können, Negatives über den anderen Elternteil zu hören oder wenn Eltern ihre Kinder durch gezielte Nachfragen dazu auffordern, Schlechtes über den anderen Elternteil zu erzählen, dann werden sie von ihren Kindern auch überwiegend negative Informationen erhalten. Kinder haben kein Interesse daran, ihre Eltern immer wieder zu frustrieren, indem sie „Falsches" sagen und wollen sich selbst vor den negativen Gefühlen ihrer Eltern schützen.

Tipp

→ Wenn Sie nach einer Trennung sehr wütend über den anderen sind, werden Sie es kaum schaffen, vor Ihren Kindern so zu tun, als hätten Sie ein positives Bild vom anderen Elternteil. Sie können den Kindern aber sagen, dass die Probleme, die ihre Eltern haben, Sache der Eltern sind, und dass die Kinder trotz der elterlichen Probleme eine schöne Zeit mit dem anderen verbringen sollen.

Auch Kinder haben Einfluss auf das Verhalten ihrer Eltern. Wenn ihre Eltern zerstritten sind und nicht mehr miteinander reden, versuchen sie das häufig zu ihren Gunsten auszunutzen, indem sie ihren Eltern nur einen Teil der Wahrheit erzählen oder manchmal auch etwas ganz anderes (→ Kap. 6, „Elternkooperation"). So versuchen sie Aufmerksamkeit von ihren Eltern zu

Beispiel

Marie, drei Jahre alt, möchte am Besuchswochenende zum Einschlafen in ihrem Bett aus der Flasche Kakao trinken. Der Vater ist damit nicht einverstanden. Er erklärt Marie, dass sie schon groß sei, keine Flasche mehr brauche und dass es für die Zähne nicht gut sei, wenn sie nach dem Zähneputzen noch etwas Süßes trinke. Marie erklärt darauf hin, dass sie das bei der Mutter auch dürfe und fängt an zu weinen. Der Vater ist verunsichert und kommt dem Wunsch von Marie nach. Er weiß nicht, dass die Mutter dieselbe Haltung wie er dazu hat. Die Mutter arbeitet seit einiger Zeit darauf hin, dass Marie nicht mehr aus der Flasche trinkt. Kakao darf Marie bei der Mutter nur am Tisch und lediglich vor dem Zähneputzen trinken. Als Marie zur Mutter zurückkehrt, will sie ebenfalls im Bett aus der Flasche Kakao trinken. Als die Mutter damit nicht einverstanden ist, fängt Marie an zu weinen und erklärt, dass sie das beim Vater auch dürfe. Als Marie weiter schluchzt, ist die Mutter verunsichert. Sie will ihre Tochter nach dem Besuchswochenende schonen, geht in die Küche und füllt Kakao in eine Flasche.

erhalten, ihren Willen durchzusetzen oder negative Konsequenzen zu vermeiden.

Für die Eltern von Marie wäre es hilfreich, wenn sie sich regelmäßig darüber austauschen würden, was für Maries weitere
Entwicklung wichtig ist. So könnten sie ihr Verhalten abstim-
men und hätten im Umgang mit Marie mehr Sicherheit.

*Für einen sicheren Umgang mit dem Kind ist es wichtig, dass Eltern sich
gegenseitig über die aktuelle Situation ihres Kindes informieren.*

Florian, neun Jahre alt, hat vor dem Besuchswochenende keine Lust, als Hausaufgabe für das Fach Deutsch eine Geschichte zu schreiben. Er vereinbart mit dem Vater, dass er die Geschichte bei der Mutter schreiben wird. Bei der Mutter vereinbart Florian, die Hausaufgabe am Sonntag zu machen. Am Sonntag ruft jedoch Florians Freund an und beide spielen bis zum späten Nachmittag miteinander. Die Mutter versucht mehrmals, das Spiel zu unterbrechen und Florian dazu zu bringen, seine Hausaufgaben zu machen. Als Florian sich sträubt, gibt die Mutter resigniert auf und erklärt ihrem Sohn, dass er dann eben ohne Hausaufgabe in die Schule gehen müsse. Als der Vater Florian am Sonntagabend nach den Hausaufgaben fragt und ärgerlich wird, weil die Hausaufgaben noch nicht gemacht wurden, erzählt Florian, dass die Mutter ihn gar nicht richtig erinnert habe. Der Vater ist jetzt ärgerlich auf die Mutter, setzt sich mit Florian an den Tisch und hilft ihm dabei, die Geschichte zu schreiben.

Florians Eltern sollten sich grundsätzlich darüber verständigen, wie sie das Thema Hausaufgaben in Zukunft handhaben wollen und welche Möglichkeiten die Mutter hat, Florian während des Besuchs zu mehr Kooperation zu bewegen. Ein kurzer Anruf der Mutter beim Vater könnte darüber hinaus das unkooperative Verhalten des Kindes auch für den Vater nachvollziehbar machen und der Vater könnte seinem Sohn am Sonntagabend guten Gewissens vor Augen führen, dass es jetzt zu spät für die Hausaufgaben sei und Florian dieses Mal ohne Hausaufgaben in die Schule gehen müsse. Florian würde auf diese Weise lernen, dass mangelnde Kooperation auch negative Konsequenzen nach sich zieht.

Rechtliche Rahmenbedingungen in den ersten Jahren nach der Trennung

Während sich am Sorgerecht nach der Trennung nichts ändert, ist es nötig, die getroffenen Vereinbarungen zum Umgang immer wieder zu überprüfen. Auch die finanziellen Auswirkungen der Trennung und Scheidung müssen bedacht werden.

7

Das Sorgerecht nach der Trennung

Der betreuende Elternteil sollte den anderen über die Entwicklung der Kinder informieren.

Auch im Falle einer längeren und dauerhaften Trennung der Eltern ändert sich das Sorgerecht für die gemeinsamen Kinder nicht. Wenn Eltern die gemeinsame elterliche Sorge haben, treffen sie die wesentlichen Entscheidungen (→ Kap. 4, „Die elterliche Sorge") für ihre Kinder auch weiterhin gemeinsam. Der Elternteil, bei dem die Kinder ständig leben, sollte den anderen regelmäßig über die Entwicklung der Kinder informieren. Leider entsteht in diesem Punkt häufig Streit, da nicht klar ist, welche Inhalte die Informationspflicht umfasst und viele Eltern auch einige Zeit nach der Trennung noch nicht entspannt miteinander sprechen können. Feste Regeln über den Umfang der Informationspflicht gibt es nicht.

Tipp

→ *Versetzen Sie sich als betreuender Elternteil einmal in die Rolle des anderen Elternteils. Nun können Sie überlegen, welche Informationen Sie an seiner Stelle gerne hätten und ihm diese Informationen weiterleiten.*

Die Mitteilung von Terminen im Kindergarten und in der Schule sollte dabei eine Selbstverständlichkeit sein. Wenn das persönliche Gespräch nach wie vor schwierig ist, können Informationen per E-Mail ausgetauscht werden. Um das Streitpotential untereinander gering zu halten, empfiehlt es sich, dass beide Eltern über die jeweiligen E-Mail-Verteiler von Schule / Kindergarten direkt informiert werden. Darüber hinaus ist auch der Elternteil, bei dem die Kinder nicht leben, seinerseits verpflichtet, sich um Informationen zu bemühen. Wenn Elterngespräche in der Schule nicht von beiden Eltern wahrgenommen werden können, ist es wichtig, den anderen Elternteil über das Gespräch zu informieren. Hilfreich kann es auch sein, solche Gespräche aufzuteilen, sodass jeder Elternteil einmal in der Situation ist, den anderen zu informieren.

Der Kontakt mit dem Kind

Überprüfung von Umgangsvereinbarungen

Die Vereinbarungen, die bei der Trennung geschlossen wurden, sollten von Zeit zu Zeit dahingehend überprüft werden, ob sie noch stimmig sind. Hilfreich kann es auch sein, für die Kinder einen Umgangskalender zu führen. Hierfür gibt es sowohl kostenpflichtige als auch kostenfreie Möglichkeiten.

Einen sehr guten Umgangskalender bietet die Website www.um-gangskalender.de (→ Kap. 6, „Elternkooperation").

Nichteinhaltung von Umgangsregelungen

Hält sich ein Elternteil nicht an eine Umgangsvereinbarung, besteht die Möglichkeit, sich erneut an eine Beratungsstelle zu wenden. Daneben kann jederzeit auch ein gerichtliches Umgangsverfahren eingeleitet werden, wenn sich herausstellt, dass die getroffenen Absprachen nicht eingehalten werden.

Wird eine gerichtlich getroffene Entscheidung zum Umgang oder eine Vereinbarung, die gerichtlich genehmigt wurde, nicht eingehalten, kann der andere Elternteil sich erneut an das Gericht wenden und ein Vermittlungsverfahren einleiten. Nicht möglich ist es hingegen, mit einer gerichtlichen Entscheidung unmittelbar das Kind beim anderen Elternteil herauszuverlangen. Das Gericht vermittelt in einem solchen Fall zwischen den Eltern, um den Umgang wieder herzustellen. Daneben besteht die Möglichkeit, die Festsetzung eines Ordnungsgeldes gegen den Elternteil zu beantragen, der sich nicht an die Umgangsregelung hält. Das Gericht prüft dann, ob nachvollziehbare Gründe dafür vorliegen, dass der Umgang nicht stattgefunden hat. Liegen solche Gründe nicht vor, kann das Gericht ein Ordnungsgeld festsetzen und gegebenenfalls auch Ordnungshaft anordnen. Von dieser Möglichkeit wird allerdings nur sehr zurückhaltend Gebrauch gemacht. Darüber hinaus hat der Elternteil, dem vereinbarter Umgang entgegen der Absprache nicht gewährt wird, unter Umständen auch die Möglichkeit, Schadensersatzansprüche gegenüber dem anderen Elternteil geltend zu machen, etwa dann, wenn er wegen des Umgangstermin angereist ist und hierfür Kosten entstanden sind. Kommt der Elternteil, der verpflichtet ist, den Umgang zu gewähren, dieser Verpflichtung wiederholt nicht nach und verweigert damit die Umgangsgewährung, besteht schließlich die Möglichkeit, eine sog. Umgangspflegschaft zu beantragen. Dann wird das Aufenthaltsbestimmungsrecht zur Ausgestaltung des Umgangs auf einen Umgangspfleger übertragen. In diesem Fall wird dem sorgeberechtigten Elternteil insoweit die elterliche Sorge entzogen und für einen befristeten Zeitraum auf den Umgangspfleger übertragen, der dann regelt, wie der Kontakt zwischen Elternteil und Kind stattfindet.

> **Wird eine Umgangsvereinbarung nicht eingehalten, kann das Gericht Ordnungsmittel anordnen.**

Was kann man tun, wenn ein Elternteil den Kontakt zum Kind ablehnt?

Lehnt es ein Elternteil ab, mit den getrennt lebenden Kindern Kontakt zu haben, gibt es nur wenige Handlungsmöglichkeiten. Auch der betreuende Elternteil kann für die Kinder zwar ein gerichtliches Umgangsverfahren einleiten und eine Umgangsregelung beantragen. Es gibt aber leider kein erfolgversprechendes juristisches Werkzeug, diesen Umgang dann auch durchzusetzen. Hält sich der getrennt lebende Elternteil nicht an diesen Beschluss, gibt es leider keine Möglichkeit, den Kontakt zwangsweise einzufordern. Wenn ein Elternteil den Kontakt zum Kind ablehnt, bleibt dem betroffenen Kind wahrscheinlich nur, dies zu akzeptieren.

Finanzielle Regelungen

Steuerliche Folgen der dauerhaften Trennung

Eine wesentliche finanzielle Änderung ergibt sich bei verheirateten Eltern nach Ablauf des Kalenderjahres, in dem die Trennung erfolgt ist. Sind die Einkünfte der Ehegatten sehr unterschiedlich, profitieren sie in der Regel vom Ehegattensplitting, das verheiratete Paare gegenüber unverheirateten steuerlich begünstigt. Aufgrund der gesetzlichen Regelungen sind Ehegatten dazu verpflichtet, ab dem Kalenderjahr, das auf ihre endgültige Trennung folgt, die getrennte Veranlagung zu beantragen.

Beispiel

Die Eltern trennen sich am 01.07.2011. Die Kinder bleiben bei der Ehefrau. Der Ehemann hat Steuerklasse III, die Ehefrau Steuerklasse V. Kommt es nicht zu einer Versöhnung, sind die Ehegatten verpflichtet, sich dauernd getrennt lebend zu melden, sodass ab dem 01.01.2012 für den Ehemann Steuerklasse I, für die Ehefrau Steuerklasse II gilt, wenn sie mit den Kindern allein lebt.

In dem Jahr, in dem sich die Ehegatten endgültig trennen, können sie noch zwischen einer getrennten und einer gemeinsamen Veranlagung wählen. Besteht eine große Differenz zwischen den Einkünften der Ehegatten, ist eine gemeinsame Veranlagung in aller

Regel günstiger. Der Ehegatte, für den diese Veranlagung vorteilig ist, kann im Jahr der Trennung vom anderen auch verlangen, dass eine gemeinsame Veranlagung stattfindet.

Tipp

→ *In keinem Fall sollte ein Elternteil ohne Abstimmung mit dem anderen vor Ablauf des Trennungsjahres einseitig die Steuerklasse ändern.*

Beispiel

Die Ehefrau verdient in 2011 in Steuerklasse V 684 €. Sie kann jederzeit im laufenden Jahr die Steuerklasse von V in Steuerklasse IV ändern. Ihre Einkünfte erhöhen sich dann auf 795 €. Ist der Ehemann nach wie vor in Steuerklasse III, führt der Steuerbescheid für 2011 zu einer Nachzahlung. Für diese Nachzahlung haften beide Ehegatten. Streng genommen müsste sie allerdings von der Ehefrau übernommen werden, die den Ehemann nicht über den Steuerklassenwechsel informiert hat.

Getrennte Veranlagung bedeutet in den Fällen, in denen ein Elternteil nur geringe Einkünfte erzielt und der andere den Hauptanteil des Familieneinkommens bestritten hat, eine deutliche Einkommenseinbuße. Die getrennte steuerliche Veranlagung kann zu einer Reduzierung des Einkommens je nach Einkommenshöhe von mehreren hundert Euro führen.

Häufig wird der bevorstehende Steuerklassenwechsel bereits berücksichtigt, wenn die erste Unterhaltsberechnung gemacht wird. Wird dies unterlassen, sollte allerdings spätestens mit dem Wechsel der Steuerklassen überprüft werden, ob der gezahlte Ehegatten- und Kindesunterhalt noch dem geänderten Einkommen entspricht.

Beispiel

Der Ehemann hat ein Bruttoeinkommen von 3.000 €, die Ehefrau von 1.000 €. In der Steuerklassenkonstellation III / V hat er ein Nettoeinkommen von ca. 2.140 €, die Ehefrau von 684 €. Insgesamt stehen der Familie 2.824 € zur Verfügung.

In Steuerklasse I erhält der Ehemann netto 1890 €, die Ehefrau in Steuerklasse II 795 €. Insgesamt stehen der Familie 2.685 € zur Verfügung, dies sind 139 € weniger als zu Zeiten des Zusammenlebens.

Kindesunterhalt

An der Verpflichtung zur Zahlung von Kindesunterhalt ändert sich durch den Ablauf des Trennungsjahres nichts. Veränderungen beim Kindesunterhalt können sich allerdings durch den Steuerklassenwechsel ergeben. Fällt der Unterhaltspflichtige deswegen in eine andere Einkommensstufe, kann dies zu einer Änderung der Unterhaltsverpflichtung führen. Ist bereits eine Jugendamtsurkunde (→ Kap.4, „Unterhaltsfragen") errichtet worden, kann der Unterhaltspflichtige deren Abänderung beantragen und den anderen auffordern, die Urkunde herauszugeben. Kommt der andere Elternteil dem nicht nach, kann der Abänderungsanspruch gerichtlich durchgesetzt werden.

Unterhaltsanspruch des betreuenden Elternteils

Sind die zu betreuenden Kinder älter als drei Jahre, besteht nach Ablauf des Trennungsjahres in aller Regel nunmehr auch für den bisher nicht erwerbstätigen Elternteil die Verpflichtung, eine Arbeit aufzunehmen. In welchem Umfang das der Fall ist, hängt zunächst vom Alter der Kinder ab. Daneben kann berücksichtigt werden, wie die Ehegatten ihr Zusammenleben gestaltet haben und wer in welchem Umfang für die Kinderbetreuung verantwortlich war. Hat ein Ehegatte wegen der Betreuung der Kinder seine eigene Berufstätigkeit längerfristig aufgegeben, ist er schützenswerter als ein Ehegatte, der bereits nach der Geburt der Kinder wieder in den Beruf zurückgekehrt ist (Bundestagsdrucksachen 16/1830 und 16/6980, www.bundestag.de). Zusammenfassend lässt sich eine Tendenz dahingehend erkennen, dass im Falle einer Betreuung von Kindern im Kindergartenalter in den meisten Fällen von dem betreuenden Elternteil keine volle Erwerbstätigkeit verlangt wird, während dies mit zunehmendem Alter der Kinder mehr zur Regel wird. Da es bei der Beurteilung des Umfangs der Erwerbsverpflichtung sehr stark auf die Umstände des Einzelfalls ankommt, die Kinderbetreuungsmöglichkeiten regional nach wie vor sehr unterschiedlich sind und auch die Rechtsprechung der Oberlandesgerichte zu diesem Punkt trotz der Rechtsprechung des Bundesgerichtshofs nicht ganz einheitlich ist, sollten Eltern in jedem Fall eine anwaltliche Beratung in Anspruch nehmen, wenn sie sich hierüber nicht einigen können.

Die Ehe kann geschieden werden

Nach Ablauf des Trennungsjahres kann jeder Ehegatte den Scheidungsantrag stellen. In der Regel geschieht dies unabhängig davon, ob der andere Ehegatte der Scheidung zustimmt. Mit der Stellung des Scheidungsantrages findet eine Zäsur statt, was die Rentenansprüche und die Vermögensauseinandersetzung anbelangt.

Zuständig für den Scheidungsantrag ist das Familiengericht des Ortes, an dem der Elternteil mit den Kindern lebt. Für das Scheidungsverfahren besteht Anwaltszwang. Das bedeutet, dass wenigstens ein Partner anwaltlich vertreten sein muss. Der andere kann der Scheidung zustimmen, hierzu benötigt er keinen eigenen Anwalt.

Tipp

→ *Beide Ehegatten sollten sich darüber im Klaren sein, dass ein Rechtsanwalt immer nur die Interessen einer Seite vertreten kann. Den gemeinsamen Anwalt gibt es nicht! Sind sich die Ehegatten über alle zu regelnden Punkte einig und geht es nur noch um die Scheidung, ist es denkbar, diese mit einem Anwalt durchzuführen und die Kosten hierfür zu teilen. Man sollte dann aber in jedem Fall am besten vor der ersten Kontaktaufnahme mit dem Anwalt klären, für welchen Ehegatten dieser tätig sein soll.*

Beantragt ein Ehegatte die Scheidung, prüft das Familiengericht zunächst, ob die Voraussetzungen für die Scheidung vorliegen. Eine Voraussetzung für die Scheidung ist, dass die Ehegatten seit mindestens einem Jahr getrennt voneinander leben. Hat ein Paar bereits ein ganzes Jahr in unterschiedlichen Wohnungen gelebt, ist dies unproblematisch. Manche Paare trennen sich aber auch innerhalb des gemeinsamen Hauses oder der gemeinsamen Wohnung. Auch das ist grundsätzlich denkbar, dann müssen allerdings beide ihre Lebensbereiche innerhalb des Hauses von einander getrennt gehalten haben. Das Zusammenleben muss sich dann mehr wie in einer Wohngemeinschaft gestaltet haben. Kriterien hierfür sind z. B. getrennte Zimmer, keine Versorgungsleistungen (z. B. Waschen, Kochen, Einkaufen, Putzen) für den anderen, keine gemeinsamen Freizeitaktivitäten. Das Gericht hört im Scheidungstermin hierzu beide Partner an. Außerdem prüft es, ob die Ehe gescheitert ist und wenigstens einer der beiden die eheliche Lebensgemeinschaft nicht wieder aufnehmen will. Auch wenn nur ein Ehepartner die Scheidung will, wird die Ehe nach Ablauf des Trennungsjahres in aller Regel geschieden.

Mit der Scheidung führt das Gericht den Versorgungsausgleich durch. Dem Versorgungsausgleich liegt die Idee zugrunde, dass sämtliche Rentenansprüche, die in der Ehezeit von beiden Ehegatten erworben wurden, zwischen ihnen geteilt werden. Alle Rententräger, bei denen die Ehegatten Rentenansprüche erworben haben, werden angeschrieben und aufgefordert, dem Gericht mitzuteilen, wie viele Rentenansprüche jeder Ehegatte erworben hat. Diese unterschiedlichen Rentenansprüche werden dann nach einem bestimmten Schlüssel aufgeteilt, sodass beide im Wesentlichen die gleichen Rentenansprüche erhalten. In einzelnen Fällen kann es sinnvoll sein, den Versorgungsausgleich nicht nach den gesetzlichen Regelungen durchzuführen, sondern eine Vereinbarung hierzu zu treffen. Dies kann etwa dann der Fall sein, wenn der Ausgleich einem Partner nichts bringt, etwa weil er die 60 Monate Wartezeit, die Voraussetzung für eine gesetzliche Rente in Deutschland sind, nicht erfüllt hat. Daneben ist denkbar, dass der Wertausgleich in anderer Weise erfolgt, etwa über den Ausgleich des weiteren, in der Ehe erworbenen Vermögens. Zu Einzelheiten in diesem Punkt empfiehlt sich in jedem Fall eine anwaltliche Beratung.

Das Gericht regelt von Amts wegen nur den Versorgungsausgleich.

Weitere Themen behandelt das Familiengericht von sich aus im Rahmen der Scheidung nicht. Insbesondere trifft das Gericht von Amts wegen weder zum Unterhalt noch zur Vermögensauseinandersetzung noch zu den Kindern im Rahmen der Scheidung Anordnungen oder Entscheidungen. Hat das Paar Kinder, wird auf das Beratungsangebot der Jugendämter hingewiesen. Teilweise fragen Richter im Scheidungstermin nach, ob der Umgang geregelt ist. Ein gerichtliches Verfahren zu diesen Fragen findet nur dann statt, wenn ein Elternteil dies beantragt. Dann ergeht zu diesem Punkt auch eine gerichtliche Entscheidung, bevor die Ehe geschieden wird. Damit soll verhindert werden, dass die Streitereien zwischen Ehegatten sich auch nach der Scheidung noch weiter fortsetzen. Zwingend erforderlich sind gerichtliche Entscheidungen also nicht. Die Eltern können sich zu all diesen Themen ohne Weiteres selbst verständigen.

Kosten der Ehescheidung und weiterer gerichtlicher Auseinandersetzungen

Für die Ehescheidung und eventuelle weitere gerichtliche Verfahren fallen sowohl Anwaltskosten als auch Gerichtskosten an. Die Höhe dieser Kosten richtet sich nach dem „Wert", den das Verfahren hat, dem sogenannten „Verfahrenswert". Endgültig setzt das Gericht diesen Wert erst fest, wenn das Verfahren abgeschlossen ist. Daher ist es oft nur schwer vorhersehbar, mit welchen Kosten die Beteiligten rechnen müssen. Teilweise haben die Verfahren feste Gegenstandswerte (elterliche Sorge, Umgang, Hausrat, Wohnungszuweisung), teilweise variieren sie (Scheidung, Versorgungsausgleich, Unterhalt) je nach Höhe der Einkünfte und des Vermögens der Ehegatten (Ehescheidung und Versorgungsausgleich) bzw. je nach Höhe des geltend gemachten Unterhalts. Nach dem Verfahrenswert werden sowohl die Gerichts- als auch die Anwaltskosten festgesetzt. Für beide Kostenarten gibt es Tabellen, die genau festlegen, bei welchem Wert welche Kosten bzw. Gebühren anfallen. In Familiensachen ist es grundsätzlich so, dass jede Seite ihre Kosten selbst trägt. Einen Kostenerstattungsanspruch gibt es nur beim Unterhalt und der Vermögensauseinandersetzung. Ein Kostenerstattungsanspruch entsteht z. B. dann, wenn ein Elternteil den Unterhalt an den anderen Elternteil nicht zahlt und

Die Kosten der Ehescheidung richten sich nach Einkommen und Vermögen der Ehegatten.

dieser den Unterhalt einklagen muss. In diesem Fall kann der klagende Elternteil die dabei anfallenden Gerichts- und Anwaltskosten einfordern. Im Übrigen werden Kosten nur ausnahmsweise dann erstattet, wenn eine Seite besondere Veranlassung für die Einleitung des Verfahrens gegeben hat. Wird in Umgangs- oder Sorgerechtsverfahren ein Verfahrensbeistand bestellt oder ein familienpsychologisches Gutachten eingeholt, sind auch diese Kosten in der Regel von beiden Eltern zu zahlen.

Bei geringen Einkünften kann für ein gerichtliches Verfahren Verfahrenskostenhilfe beantragt werden.

Hat ein Beteiligter keine oder nur geringe Einkünfte, besteht die Möglichkeit, Verfahrenskostenhilfe zu beantragen. Je nach Höhe der Einkünfte und der Belastungen wird diese ratenfrei oder mit Ratenzahlung bewilligt. Ändern sich die Einkommensverhältnisse – auch bis zu vier Jahre nach Abschluss des Verfahrens – kann die Ratenhöhe angepasst werden.

Vermögensauseinandersetzung

Spätestens bei der Scheidung sollte man endgültig das gemeinsam erworbene Vermögen auseinandersetzen. Wie dies im Einzelnen erfolgt, ist sehr komplex. Im Rahmen dieses Buches kann lediglich die nachfolgende Übersicht dargestellt werden, die einen ersten Eindruck davon vermittelt, nach welchen Grundgedanken die Vermögensauseinandersetzung erfolgt. Für Detailfragen sollte das Paar eine anwaltliche Beratung in Anspruch nehmen.

Hat das Paar keinen Ehevertrag geschlossen, gilt der Güterstand der Zugewinngemeinschaft. Zugewinngemeinschaft bedeutet zunächst einmal, dass jeder das Vermögen behält, das er mit in die Ehe gebracht hat. Das, was im Laufe der Ehe weiter angespart wird, gehört ebenfalls demjenigen, auf dessen Namen es angelegt ist.

Beispiel

Herr und Frau Grün heiraten am 10. Mai 1999. Zu diesem Zeitpunkt hat er Ersparnisse von umgerechnet 10.000 €, sie hat Erspartes im Wert von 5.000 €. Durch die Eheschließung ändert sich *an dieser Vermögenszuordnung nichts, die Ersparnisse von Herrn Grün bleiben seine Ersparnisse, die Ersparnisse von Frau Grün ihre Ersparnisse.*

Zunächst einmal wird ermittelt, wie hoch das Vermögen beider Partner zum Zeitpunkt der Eheschließung war (Anfangsvermögen) und wie hoch das Vermögen am Ende der Ehe ist (Endvermögen). Für die Ermittlung des Endvermögens gilt als Stichtag der Tag, an dem der Scheidungsantrag zugestellt wird.

Beispiel

Der Scheidungsantrag von Herrn Grün wird Frau Grün am 27. November 2011 zugestellt. An diesem Tag hat Herr Grün folgendes Vermögen: *Sparguthaben 40.000 € und Aktien 20.000 €. Frau Grün hat ein Sparguthaben von 15.000 €.*

Bevor ermittelt werden kann, wie hoch der Zugewinnausgleichsanspruch ist, muss zunächst der Zugewinn ermittelt werden. Der Zugewinn ist vereinfacht die Differenz zwischen Anfangs- und Endvermögen.

Herr Grün hat ein Endvermögen von 60.000 € und ein Anfangsvermögen von 10.000 €. Sein Zugewinn sind also 50.000 €. Frau Grün hatte bei Eheschließung 5.000 €, heute hat sie 15.000 €. Sie hat einen Zugewinn von 10.000 €.

Über diesen Zugewinn findet ein Ausgleich statt und zwar so, dass beide Ehepartner mit dem gleichen gemeinsam erwirtschafteten Vermögen aus der Ehe gehen. Hintergrund dieser Regelung ist, dass die unterschiedlichen Beiträge, die Ehepartner in der Ehe leisten, als gleichwertig angesehen werden. Stellt jemand seine eigene Karriere wegen der Kinder zurück, ist das genauso viel wert wie zu arbeiten und entsprechende Ersparnisse zu bilden.

Herr Grün hat einen Zugewinn von 50.000 €, seine Frau von 10.000 €. Herr Grün hat also 40.000 € mehr „dazu gewonnen". Herr Grün hat an seine Frau daher die Hälfte seines Zugewinns abzugeben, dies sind 20.000 €. Diesen Betrag kann Frau Grün verlangen, sobald die beiden rechtskräftig geschieden sind.

Der Anspruch auf Zugewinnausgleich ist ein reiner Zahlungsanspruch. Frau Grün kann von ihrem Mann daher nicht verlangen, dass er ihr statt einer Zahlung von 20.000 € das Aktienpaket überträgt, das den gleichen Wert hat.

Woran man sonst noch denken sollte

Ist einer der Eltern in der gemeinsamen Wohnung verblieben, sollte man klären, ob das Mietverhältnis mit dem Vermieter weitergeführt oder ob die Wohnung gekündigt werden soll. Haben die Eltern sich testamentarisch wechselseitig bedacht, steht hier eine Überprüfung an. Das gesetzlich verankerte Ehegattenerbrecht endet mit Zustellung des Scheidungsantrages, wenn die Voraussetzungen für die Scheidung der Ehe vorliegen, jedoch spätestens mit der Scheidung der Ehe. Gegebenenfalls sind hier Zwischenregelungen zu treffen. Denkbar ist z.B., dass die Ehegatten im Rahmen der Trennung eine notarielle Trennungs- und Scheidungsfolgenvereinbarung abschließen. In dieser Vereinbarung können etwa Regelungen zum Unterhalt, zur Vermögensauseinandersetzung, zum Hausrat und zum Versorgungsausgleich getroffen werden. Daneben können die Ehegatten auf ihr Ehegattenerbrecht und auf ihr Pflichtteilsrecht verzichten. Erbrechtliche Ansprüche bestehen dann unabhängig von der Scheidung der Ehe nicht mehr. Selbstverständlich kann jeder Ehegatte auch ohne notarielle Vereinbarung ein eigenhändiges Testament errichten und darin seine Erben bestimmen. Mit dieser Regelung kann allerdings nur der gesetzliche Erbanspruch umgangen werden. Der so „enterbte" Ehegatte kann immer noch seinen Pflichtteil beanspruchen, der immerhin die Hälfte des gesetzlichen Erbteils beträgt. Das Gleiche gilt, wenn die Eltern sich wechselseitig mit Lebensversicherungen begünstigt haben. Auch hier sollte man überlegen, ob das, was angeordnet ist, noch dem entspricht, was die Beteiligten wollen.

Perspektiven nach der Trennung

Der Alltag ist eingekehrt

Einige Jahre nach der Trennung kommen Eltern und Kinder
meist recht gut mit der neuen Situation zurecht. Die Kinder
sind zwar noch manchmal traurig über die Trennung der Eltern,
haben sich aber auf ihr verändertes Leben eingestellt.

8

Wie sich die Eltern fühlen

Zwei bis fünf Jahre nach der Trennung haben sich die meisten Eltern ganz gut mit der neuen Lebenssituation arrangiert (Hetherington / Kelly 2003; Kaslow 2001). Sie denken nicht mehr ständig über die gescheiterte Beziehung nach, ihr Leben verläuft wieder in ruhigeren Bahnen und sie sind mehr mit der Gegenwart und der Zukunft als mit der Vergangenheit beschäftigt. Der Schmerz über die Trennung hat nachgelassen. Viele leben wieder in neuen Beziehungen. Die getroffenen Regelungen haben sich eingespielt und zwischen den früheren Partnern kommt es deutlich seltener zu Konflikten als zuvor. Rückblickend bewerten sogar viele ihre Trennung eher positiv als negativ. Frauen geben z.B. an, durch die Trennung selbstständiger geworden zu sein (Schwarz 1999). Da die Kinder älter werden und sich im Leben der Eltern Veränderungen ergeben, gibt es zwischen den Eltern aber immer wieder neuen Regelungsbedarf. Das stört Eltern häufig in ihrem neuen Lebensrhythmus und kann alte Themen und negative Emotionen, die längst überwunden schienen, vorübergehend wieder zum Leben erwecken. Diejenigen Eltern, denen es nach der Trennung gelungen ist, sich eine gute Gesprächsbasis zu schaffen, haben jedoch gute Voraussetzungen dafür, auch diese neuen Herausforderungen zu meistern.

Auch einige Zeit nach der Trennung gilt es, gemeinsame Absprachen zu treffen.

Wie sich die Kinder fühlen

Wenn es den Eltern allmählich wieder besser geht, fühlen sich auch die Kinder entlastet. Sie spüren, dass ihre Eltern wieder mehr Freude am Leben haben, wieder häufiger lächeln und auch mal einen Spaß verstehen. Kinder müssen sich dann keine

Gedanken mehr darüber machen, wie sie ihren Eltern helfen können. Stattdessen können sie sich wieder ganz ihren eigenen kindlichen Interessen widmen. Sie wünschen sich im Stillen immer noch, dass ihre Eltern erneut ein Paar werden und die Familie wieder zusammenkommt. Sie sind immer

Die Trennung der Eltern schmerzt Kinder lange Zeit.

noch traurig darüber, dass die Familie auseinandergebrochen ist. Diesen Schmerz werden Eltern ihren Kindern nicht ganz nehmen können, so sehr sie sich auch darum bemühen. Er wird das Leben der Kinder noch lange begleiten. Dennoch sind Kinder bereit, ihr Leben so zu akzeptieren, wie es ist. Sechs Jahre nach der Trennung unterscheiden sich Kinder aus Trennungsfamilien nicht mehr bedeutsam von Kindern, die mit beiden Eltern zusammenleben (Hetherington / Kelly 2003; Schmidt-Denter 2000). Untersuchungen weisen darauf hin, dass diejenigen Kinder, die nach einer Trennung lang anhaltende Auffälligkeiten zeigen, häufig auch schon vor der Trennung auffällig waren, z. B. weil sie lange Zeit in einem belasteten Familienklima mit viel Streit aufgewachsen sind und / oder keine ausreichende Zuwendung und Förderung von ihren Eltern erhalten haben. Auch diejenigen Kinder, deren Eltern seit der Trennung erbittert um alle möglichen Themen streiten, zeigen mit hoher Wahrscheinlichkeit nicht nur vorübergehend, sondern lang anhaltend Auffälligkeiten (→ Kap. 6, „Mögliche Reaktionen von Kindern auf die veränderte Situation").

Veränderungen stehen an

Liegt die Trennung schon einige Zeit zurück, tun sich neue Fragen auf: Wie gestalten wir die Besuchsregelung für unser Kind, das älter wird? Wie wirkt sich der Umzug eines Elternteils aus? Und wie kann das Leben als Patchworkfamilie aussehen?

9

Die Kinder werden älter

Wenn Kinder älter werden, ändern sich auch ihre Bedürfnisse und Interessen. Getroffene Vereinbarungen müssen daher in regelmäßigen Abständen dahingehend überprüft werden, ob sie noch zu den Bedürfnissen und Interessen der Kinder passen. Besonders die Besuchsregelung ist davon betroffen. Eltern, deren Kind zum Zeitpunkt der Trennung noch im Säuglingsalter war, haben sich eventuell dazu entschieden, die Kontakte des Kindes mit dem getrennt lebenden Elternteil mehrmals in der Woche für einige Stunden in der Wohnung des betreuenden Elternteils durchzuführen. Nach und nach werden die Eltern dazu übergehen, die Kontakte auszuweiten und auch außerhalb der Wohnung des betreuenden Elternteils durchzuführen. Eine Besuchsregelung, die regelmäßige Übernachtungsbesuche einschließt, wird von Kindern bis zu einem Alter von 12–14 Jahren häufig sehr gut akzeptiert. Mit dem Beginn der Pubertät verlagern sich jedoch die kindlichen Interessen. Der Kontakt zu Gleichaltrigen wird wichtiger, es finden am Wochenende Übernachtungsbesuche bei Freunden statt oder das Engagement in einem Sportverein verlagert sich auf das Wochenende. Dann passt die bisherige Besuchsregelung u. U. nicht mehr so gut und es führt auf allen Seiten zu Ärger und Frustration, wenn Eltern auf dem Gewohnten bestehen. Kinder und ihre Eltern müssen dann zusammen überlegen, wie der Kontakt mit dem betreuenden Elternteil in Zukunft gestaltet werden kann. Eine Lösung kann z. B. darin bestehen, dass das Kind den getrennt lebenden Elternteil nur noch einmal im Monat für ein ganzes Wochenende besucht und die Treffen zwischendurch flexibel gestaltet werden, in Form mehrstündiger Besuche oder regelmäßiger E-Mail-Kontakte. Es wird in diesem Fall womöglich beiden Eltern nicht leicht fallen,

Die Besuchsregelung muss immer wieder den Bedürfnissen des Kindes angepasst werden.

die neue Regelung zu akzeptieren. Der getrennt lebende Elternteil muss damit klarkommen, dass er sein Kind in Zukunft in anderer Form sehen wird, der betreuende Elternteil hat nicht mehr
regelmäßig ein freies Wochenende, an dem er die Zuständigkeit
für das Kind abgeben kann. Auch der Aufenthalt des Kindes
kann irgendwann wieder zur Diskussion stehen (→ Kap. 9, „Ein
Elternteil zieht weg"; „Das Kind will zum anderen Elternteil ziehen").

Ein Elternteil zieht weg

Für Kinder ist es unerheblich, ob der betreuende oder der getrennt lebende Elternteil einen Umzug plant. Für sie bedeutet
der Wegzug eines Elternteils in der Regel, dass sie ihre Mutter
oder ihren Vater in Zukunft seltener sehen können als bisher. Eltern sollten sich daher gut überlegen, ob ein Umzug wirklich
notwendig ist und ob sie ihren Kindern die damit verbundenen
Einschränkungen und verlängerten Fahrtzeiten zumuten wollen. Stundenweise Kontakte unter der Woche sind realistischer-
weise nur bis zu einer Entfernung von ca. 30 km regelmäßig
machbar, weil ansonsten sehr viel Zeit für das Hin- und Herfah-
ren aufgewendet wird, es sei denn, die mehr-
stündigen Treffen können am Wohnort des Kindes stattfinden. Bei einer Entfernung von ca.
80–100 km sind auch 14-tägige Besuche am Wochenende mit großem Aufwand verbunden und
bedeuten für Kinder lange Fahrtzeiten. Ab einer

Der Umzug eines Elternteils bedeutet für Kinder einen Verlust.

Entfernung vom 200 km finden Wochenendbesuche oft nur
noch in reduzierter Form statt. Ältere Kinder können es besser
verkraften, den getrennt lebenden Elternteil nicht so häufig zu
sehen. Mit ihnen kann auch über Telefon und E-Mail kommuni-
ziert werden. Jüngere Kinder bis zum Grundschulalter haben

damit jedoch große Probleme und leiden darunter, wenn sie den getrennt lebenden Elternteil nicht mehr so häufig sehen können (→ Kap. 6, „Der Kontakt zum anderen Elternteil").

Ein bevorstehender Umzug bringt oft große Unruhe in eine bis dahin gut eingespielte Situation und kann Auslöser für heftige Konflikte zwischen den Eltern sein, auch wenn sie sich bis dahin gut verstanden haben. Betreuende Eltern halten es oft für selbstverständlich, dass ihr Kind im Falle eines Umzugs mit ihnen ziehen wird. Wenn sie das Kind in der Vergangenheit überwiegend betreut haben, wollen sie das auch in Zukunft tun und gehen davon aus, dass das auch für ihr Kind am besten sein wird. Aus Sicht getrennt lebender Eltern sieht das oft ganz anders aus. Sie messen dem Erhalt des bisherigen sozialen Umfelds ein größeres Gewicht bei und wollen den Kontakt zu ihrem Kind nicht einschränken. Daher überlegen sie sich, ob ein Wechsel des Kindes zu ihnen nicht die bessere Alternative sein wird. Auch diesbezüglich gibt es keine Patentlösungen. Welche Alternative die beste sein wird, hängt von vielen Faktoren ab. Für jüngere Kinder sollte im Vordergrund stehen, weiterhin von ihrer Hauptbezugsperson betreut und versorgt zu werden, für Kinder ab dem Grundschulalter spielt der Erhalt des sozialen Umfelds eine immer größere Rolle. Aber auch ältere Kinder haben den Wunsch, das Zusammenleben mit ihrer bisherigen Hauptbezugsperson nicht zu verlieren. Werden Kinder von ihren Eltern vor die Wahl gestellt, sich zu entscheiden, ob sie mit dem betreuenden Elternteil wegziehen oder zum anderen Elternteil wechseln wollen, sind sie damit in der Regel überfordert. Daher ist es besser, wenn sich die Eltern zunächst untereinander darüber verständigen, welche Lösung sie bevorzugen und wenn sie erst im zweiten Schritt mit ihrem Kind darüber sprechen.

Steht ein Umzug an, gibt es zwischen den Eltern viel zu klären.

Tipp

Folgendes sollten Sie vor einem Umzug im Interesse Ihrer Kinder berücksichtigen:

→ Entscheiden Sie sich nur dann für den Umzug an einen weiter entfernten Ort, wenn es sich gar nicht anders machen lässt. Klären Sie im Falle einer neuen Partnerschaft im Interesse Ihres Kindes ab, ob es Ihrem Partner möglich wäre, an Ihren Wohnort zu ziehen.

→ Informieren Sie den anderen Elternteil frühzeitig über Ihre Umzugspläne und versuchen Sie, mit ihm diesbezüglich eine Einigung zu erzielen. Wenn Sie sich nicht über einen bevorstehenden Umzug einigen können, sollten Sie versuchen, den Konflikt durch eine Mediation oder psychologische Beratung zu lösen. Wenn Sie zusammen mit Ihrem Kind umziehen und den Umzug ohne Ankündigung und Absprache durchführen, hat das nicht selten einen Rechtsstreit zur Folge. Außerdem hat Ihr Kind unter solchen Bedingungen keine Möglichkeit, sich richtig von seinen Freunden zu verabschieden und sich zu vergewissern, dass sein Kontakt zum getrennt lebenden Elternteil erhalten bleibt. Ist Ihr Kind in die heimlichen Umzugspläne eingeweiht, gerät es gegenüber dem getrennt lebenden Elternteil in große Gewissenskonflikte.

→ Rechnen Sie damit, dass Ihr Kind nach einem Umzug traurig sein wird, weil es den getrennt lebenden Elternteil sowie Verwandte und Freunde seltener als bisher sehen kann. Geben Sie Ihrem Kind die Möglichkeit, seinen Kummer zu zeigen und interpretieren Sie die Traurigkeit Ihres Kindes nicht als Vorwurf an Sie. Helfen Sie Ihrem Kind dabei, mit den Folgen des Umzugs zurechtzukommen und sorgen Sie dafür, dass Ihr Kind die Beziehung zum getrennt lebenden Elternteil aufrechterhalten kann. Motivieren Sie Ihr Kind dazu, mit dem getrennt lebenden Elternteil zu telefonieren oder ihm E-Mails zu schreiben.

→ Leben Sie getrennt von Ihrem Kind, dann machen Sie Ihrem Kind bei Besuchen oder Telefongesprächen Mut, sich auf die neue Situation einzustellen.

Fragen Sie Ihr Kind, was ihm am neuen Wohnort und in der neuen Schule bzw. dem neuen Kindergarten gut gefällt. Schließen Sie aus negativen Bemerkungen Ihres Kindes nicht sofort, dass am neuen Wohnort alles schlecht ist, sondern lassen Sie Ihrem Kind Zeit, sich an die neue Situation zu gewöhnen. Zeigen Sie die eigene Traurigkeit über den Wegzug nicht vor Ihrem Kind.

Das Kind will zum anderen Elternteil ziehen

Nach einer Trennung können Kinder im Laufe der Zeit den Wunsch entwickeln, beim anderen Elternteil zu leben. Das kann ganz unterschiedliche Gründe haben. Die Ursache kann z.B. darin liegen, dass der betreuende Elternteil umziehen möchte, der Verbleib im gewohnten sozialen Umfeld für das Kind jedoch einen so hohen Stellenwert hat, dass es den Wechsel zum anderen Elternteil als einzige Möglichkeit sieht, im gewohnten Umfeld zu verbleiben. Ebenso kann es möglich sein, dass es für das Kind nach dem Umzug schwierig ist, sich in seiner neuen Umgebung einzuleben und dass es seine alten Freunde vermisst. Die Ursache kann auch darin liegen, dass die Beziehung des Kindes zum betreuenden Elternteil sehr angespannt ist und tägliche Auseinandersetzungen das Familienleben sehr stark belasten. Aber auch bei einer guten Beziehung zum betreuenden Elternteil, kann bei dem Kind irgendwann der Wunsch nach einem Aufenthaltswechsel entstehen. Ein 13-Jähriger kann z.B. das Bedürfnis haben, die Beziehung zu seinem Vater zu intensivieren, weil er ihn als männliches Vorbild inzwischen mehr als bisher benötigt. Auch die Trennung der Geschwister kann bei einem Kind irgendwann zu dem Wunsch führen, zum anderen Elternteil zu wechseln, um dort mit dem Geschwister zusammenzuleben.

Es gibt viele Gründe dafür, dass ein Kind zum anderen Elternteil ziehen will.

Den meisten Kindern fällt es sehr schwer, einen solchen Wunsch zu äußern, weil sie wissen, dass sie den betreuenden Elternteil damit vor den Kopf stoßen werden. Manche Kinder äußern einen solchen Wunsch, rudern jedoch schnell zurück, wenn sie merken, dass der betreuende Elternteil in der Tat sehr verletzt reagiert. Eltern sollten aufmerksam sein, wenn ihr Kind einen solchen Wunsch äußert. Sie sollten mit ihrem Kind über dessen Gründe sprechen und versuchen, ihr Kind zu verstehen. Das verlangt vom betreuenden Elternteil die Bereitschaft, die eigenen Wünsche in den Hintergrund zu stellen und sein Kind loszulassen, falls es erforderlich ist. Beide Eltern sollten das gemeinsame Gespräch suchen und überlegen, was für ihr Kind das Beste wäre. Der Wechsel zum anderen Elternteil muss nicht die beste Alternative sein. Nicht immer hat der getrennt lebende Elternteil die Möglichkeit, das Kind bei sich aufzunehmen und manchmal kann es sinnvoller sein, die Beziehung des Kindes zum betreuenden Elternteil mit Hilfe einer psychologischen Beratung zu verbessern oder das Kind gezielt dabei zu unterstützen, sich am neuen Wohnort einzuleben, als einen Wechsel anzustreben.

Tipp

→ *Suchen Sie das Gespräch mit Ihrem Ex-Partner und überlegen Sie gemeinsam, was das Beste für Ihr Kind ist!*

Wenn der betreuende Elternteil aus den Äußerungen seines Kindes und aus dem, was sich in der Vergangenheit ereignet hat, den Eindruck gewinnt, dass der Wunsch des Kindes auf eine intensive Einflussnahme des anderen Elternteils zurückgeführt werden muss, sollte der betreuende Elternteil das Gespräch mit dem getrennt lebenden Elternteil suchen und ihn darauf ansprechen. Wenn sich herausstellen sollte, dass der getrennt lebende Elternteil viele Vorbehalte gegenüber dem betreuenden

Elternteil hat und im Grunde noch nie damit einverstanden war, dass das Kind bei dem anderen lebt, sollten gemeinsame Elterngespräche bei einer Erziehungsberatungsstelle, beim Jugendamt oder im Rahmen einer Mediation ($\rightarrow$ Kap. 3, „Beratungsangebote") geführt werden, um dort zu klären, ob die Vorbehalte eventuell begründet sind und ob bezüglich des Aufenthalts des Kindes ein Konsens gefunden werden kann.

Die Patchworkfamilie

In Deutschland leben ungefähr 8 % der Kinder mit einem leiblichen Elternteil und einem Stiefelternteil in einer Patchworkfamilie (Schneewind 2010). Patchworkfamilien sind keine homogene Gruppe, sondern können sich darin unterscheiden, ob die neuen Partner miteinander verheiratet sind oder in einer nichtehelichen Lebensgemeinschaft leben, ob beide Partner eigene Kinder in die Beziehung mitbringen, ob alle Kinder in einem Haushalt oder in mehreren Haushalten leben und ob die neuen Partner mindestens ein gemeinsames Kind haben. Innerhalb der Patchworkfamilie ergeben sich viele Möglichkeiten, Beziehungen zu gestalten. Diese reichen von der Integration des Stiefelternteils in die Familie, über die Kommunikation des Kindes zum außerhalb lebenden Elternteil bis zur Beziehungsqualität zwischen den leiblichen Kindern und den Stiefkindern sowie dem Kontakt zwischen den Kindern und den Verwandten des Stiefelternteils. Im Vergleich zu Familien, in denen die leiblichen Eltern mit den Kindern zusammenleben, sind Patchworkfamilien anfälliger für Konflikte. In Patchworkfamilien muss mehr Beziehungsarbeit geleistet werden, damit alle zufrieden sind. Insbesondere in den ersten Jahren des Zusammenlebens ist die emotionale Belastung inner-

In Patchworkfamilien muss viel Beziehungsarbeit geleistet werden.

halb einer Patchworkfamilie sehr hoch (Hetherington / Kelly 2003).

Viele Punkte, die Eltern berücksichtigen sollten, wenn sie eine neue Partnerschaft eingehen (→ Kap. 6, „Ein neuer Partner taucht auf"), sollten sie auch berücksichtigen, wenn sie mit einem neuen Partner zusammenziehen. So sollte der betreuende Elternteil in der Kindererziehung weiterhin die Hauptverantwortung tragen und der Stiefelternteil sollte nicht das Ziel haben, der bessere Vater oder die bessere Mutter für die Kinder zu sein. Zum Funktionieren des neuen Familienlebens tragen jedoch noch weitere Aspekte bei.

Tipp

Was Kindern, Eltern und neuen Partnern in einer Patchworkfamilie hilft:

→ *Lassen Sie sich, Ihrem neuen Partner, Ihren Kindern und den Kindern Ihres Partners Zeit, sich aneinander und an die neue Lebenssituation zu gewöhnen, sich kennen und mögen zu lernen. Sie und Ihr Partner können ganz unterschiedliche Gewohnheiten, Werte und Vorstellungen von Familie haben. Darin müssen Sie nach und nach zusammenwachsen. Erst mit der Zeit wird sich ein Zusammengehörigkeitsgefühl entwickeln, mit den speziellen Gewohnheiten und Ritualen Ihrer Patchworkfamilie. Durch gemeinsame Freizeitaktivitäten oder Projekte können Sie das Zusammenwachsen fördern.*

→ *Gehen Sie davon aus, dass Ihre Patchworkfamilie anders als eine „normale" Familie funktionieren wird. Sie müssen sich darauf einstellen, dass der getrennt lebende Elternteil in der Familie immer wieder präsent sein wird und dass durch die Besuchsregelung immer wieder Unruhe in Ihre Familie kommen wird.*

→ *Geben Sie dem getrennt lebende Elternteil auch in der neuen Familiensituation einen festen Platz im Leben Ihrer Kinder. Geben Sie Ihren Kindern* die Erlaubnis, vom anderen Elternteil zu erzählen und ihn weiter gern zu haben. Versichern Sie dem anderen Elternteil, dass er seine wichtige Rolle für die Kinder behalten wird und dass er an wichtigen Entscheidungen für die Kinder weiterhin beteiligt werden wird.

→ Motivieren Sie Ihren neuen Partner dazu, Ihren Kindern viele Beziehungsangebote zu machen. Mangelndes Engagement kann von Kindern als Desinteresse und Zurückweisung empfunden werden. Die Zuneigung Ihrer Kinder muss sich Ihr Partner jedoch erst verdienen.

→ Vermitteln Sie Ihren Kindern, dass Ihre Beziehung zueinander trotz der neuen Partnerschaft die alte bleibt und Ihre Kinder weiterhin einen wichtigen Platz in Ihrem Leben haben. Bestärken Sie Ihren Partner darin, das zu akzeptieren. Gerade junge Kinder im Alter von zwei bis fünf Jahren können mit Eifersucht auf die ständige Anwesenheit des Stiefelternteils reagieren. Führen Sie Veränderungen, die in der neuen Familiensituation erforderlich sind, nach und nach ein. Wenn Ihr Kind bisher in Ihrem Bett geschlafen hat, sollten Sie das mit dem Einzug Ihres Partners nicht plötzlich ändern. Auch Gewohnheiten und Rituale, wie das Verhalten bei Tisch oder das Zubettgehen, sollten Sie erst nach und nach ändern.

→ Behalten Sie weiterhin die Hauptverantwortung in der Erziehung Ihrer Kinder. Lassen Sie sich dabei von Ihrem Partner den Rücken stärken. Vermitteln Sie Ihren Kindern, dass Ihr Partner dazu berechtigt ist, bestimmte Punkte mit Ihren Kindern zu klären. Besprechen Sie Unstimmigkeiten in der Erziehung in Abwesenheit Ihrer Kinder.

→ Hat auch Ihr neuer Partner Kinder mit in die Beziehung gebracht, sollten Sie sich darum bemühen, zu ihnen eine gute Beziehung aufzubauen. Lassen Sie Ihren Kindern und den Kindern Ihres Partners Zeit, sich aneinander zu gewöhnen. Zwingen Sie die Kinder nicht dazu, sich gern zu haben. Unternehmen Sie von Zeit zu Zeit etwas allein mit Ihren Kindern. Wenn Sie von Ihren Kindern getrennt leben und in der neuen Familie mit den Kindern Ihres Partners zusammenleben, ist das besonders wichtig. Vermitteln Sie

Ihren Kindern bei den Besuchen immer wieder, dass sich an der Beziehung zwischen Ihnen und Ihren Kindern nichts geändert hat.

→ Rechnen Sie damit, dass die Geburt eines gemeinsamen Kindes erneut Unruhe in Ihre Familie bringen kann. Planen Sie ein, dass Ihre Kinder eifersüchtig auf die Geburt des neuen Geschwisters reagieren werden und sich in den Hintergrund gedrängt fühlen. Ihr gemeinsames Kind hat in der Familie sowohl Vater als auch Mutter, Ihre Kinder leben jedoch nur mit einem leiblichen Elternteil zusammen. Das kann Ihre Kinder schmerzen und ihnen die negativen Folgen der elterlichen Trennung erneut ins Bewusstsein rufen. Durch die Geburt eines gemeinsamen Kindes kann sich auch die Beziehung zwischen Ihren Kindern und Ihrem Partner verändern. Bestärken Sie Ihren Partner darin, Ihren Kindern auch nach der Geburt des eigenen Kindes weiter Aufmerksamkeit zu schenken und Ihren Kindern zu vermitteln, dass sie innerhalb der Familie weiter ihren Platz haben (Hetherington / Kelly 2003; Largo 2009; Ochs / Orban 2008).

Vermitteln Sie Ihren Kindern das Gefühl, trotz der neuen Partnerschaft eine wichtige Rolle in Ihrem Leben zu spielen!

Der Kontakt zum getrennt lebenden Elternteil bricht ab

Manchmal ziehen sich Eltern aus dem Kontakt mit ihrem Kind zurück und brechen die Beziehung zu ihrem Kind ab. Es ist sehr stark von der Vorgeschichte abhängig, wie sich der Kontaktabbruch auf das Kind auswirkt. Wenn Eltern über längere Zeit eine sehr konflikthafte Beziehung hatten und in Anwesenheit des Kindes immer wieder heftig gestritten haben, kann es nicht nur für den betreuenden Elternteil sondern auch für das Kind zunächst eine Entlastung sein, wenn sich der andere zurückzieht. Längerfristig kommen Kinder jedoch häufig nicht so gut mit einem Kontaktabbruch zurecht. Sie interpretieren das mangelnde Engagement des abwesenden Vaters oder der abwesenden Mutter als fehlendes Interesse an ihnen und haben das Gefühl, nicht liebenswert zu sein. Betreuende Eltern sollten versuchen, ihr Kind zu beruhigen und ihm zu erklären, dass es nicht am Kind liegt, wenn sich der Vater oder die Mutter nicht mehr meldet. Eltern sollten ihrem Kind auch vermitteln, dass es jederzeit über den anderen Elternteil sprechen kann und dass sie Fragen des Kindes beantworten werden. Eltern sollten davon absehen, ihrem Kind negative Informationen über den abwesenden Elternteil zu geben. Es erschwert die Identitätsentwicklung von Kindern, wenn sie in dem Bewusstsein leben, dass sie zur Hälfte von jemandem abstammen, der so viele negative Eigenschaften hat.

Für Kinder ist ein Kontaktabbruch oft verletzend.

Was die Scheidung bei Eltern und Kindern bewirkt

Das Ergebnis einer deutschen Untersuchung zeigt, dass 40 Monate nach der räumlichen Trennung erst die Hälfte der Eltern geschieden war (Schmidt-Denter 2000). Das spricht dafür, dass viele Eltern keine Notwendigkeit darin sehen, sich möglichst schnell scheiden zu lassen. Welche rechtlichen und finanziellen Konsequenzen eine Scheidung für Eltern und ihre Kinder hat, wird in Kapitel 10 erläutert. Welche gefühlsmäßige Bedeutung die Scheidung hat, hängt von vielen Faktoren ab.

Die Scheidung kann von Eltern als bloßer formaler Akt empfunden werden oder als notwendiges Übel, um die rechtliche Situation zu klären und eine Wiederverheiratung zu ermöglichen. Die Scheidung kann als Befreiung gesehen werden, wenn das Bild von der früheren Beziehung und dem früheren Partner sehr negativ ist, oder als zusätzliche Belastung in einem äußerst schmerzhaften Prozess. Die Scheidung kann aber auch als ein positives Ritual empfunden werden, das die Trennung der früheren Partner nach einigen Jahren abschließt. Grundsätzlich können Eltern davon ausgehen, dass die Scheidung für ihre Kinder eine geringere Bedeutung haben wird als für sie. Für Kinder ist es wichtig, wie sich ihre Eltern verhalten, ob sie mit ihren Eltern zusammenleben oder nicht. Was die Scheidung als rechtlicher Akt bedeutet, können Kinder nicht nachvollziehen. Genauso wenig können sie mit dem Verstand erfassen, was der rechtliche Begriff des „Sorgerechts" beinhaltet. Für Kinder ist es von Bedeutung, dass sich beide Eltern für sie zuständig fühlen und an ihrem Leben teilhaben, unabhängig davon, ob ihre Eltern geschieden sind oder nicht.

Eine rasche Scheidung nach der Trennung halten viele Eltern nicht für notwendig.

Rechtliche Rahmenbedingungen auf längere Sicht

Mit der Scheidung und dem Älterwerden der Kinder rücken Fragen zum Unterhalt erneut ins Blickfeld. Ältere Kinder werden nun auch in Entscheidungen zu ihrem Aufenthalt und zur Besuchsregelung mit einbezogen.

10

Die Scheidung der Ehe

Sind die Rentenansprüche ermittelt und alle weiteren streitigen Verfahren entschieden, verkündet das Familiengericht die Scheidung. Dies geschieht in Form eines gerichtlichen Beschlusses. Wenn jemand mit der Scheidung oder einer weiteren Entscheidung des Gerichts nicht einverstanden ist, kann Beschwerde eingelegt werden. Dies ist möglich innerhalb von einem Monat ab Zustellung der Entscheidung. Wird innerhalb dieser Frist keine Beschwerde eingelegt, wird die Entscheidung nach Ablauf des Monats rechtskräftig, d.h. sie ist nun bindend.

Wiederverheiratung und Namensrecht

Lassen sich die Eltern scheiden, hat der Elternteil, der den gemeinsamen Ehenamen angenommen hat, die Möglichkeit seinen Geburtsnamen wieder zu führen. Für Kinder besteht diese Möglichkeit nicht. Ein Familienname, den die Eltern einmal gewählt haben, bleibt der Familienname der Kinder, und zwar unabhängig davon, ob ein Elternteil seinen Namen nach der Scheidung oder aufgrund einer neuen Eheschließung ändert. Der Familienname, den die Eltern für ihr Kind gewählt haben, kann nur unter ganz engen Voraussetzungen abgeändert werden. Denkbar ist das z.B. dann, wenn eine Mutter die alleinige elterliche Sorge hat und die Eltern nicht verheiratet waren. Heiratet sie zu einem späteren Zeitpunkt und nimmt den Namen ihres Mannes an, kann auch das Kind diesen Namen erhalten. Sind die Eltern nicht miteinander verheiratet, haben aber die gemeinsame elterliche Sorge, kommt eine Namensänderung nicht in Frage.

Kinder behalten auch nach einer Scheidung der Eltern den Familiennamen.

Das Gleiche gilt, wenn die alleinsorgeberechtigte Mutter zugestimmt hat, dass das Kind den Namen des Vaters annimmt.

Finanzielle Regelungen

Unterhalt für den betreuenden Elternteil

Spätestens nach der Scheidung gilt verstärkt der Grundsatz der „Eigenverantwortlichkeit", d.h. jeder Ehegatte muss für sich selbst sorgen. Der betreuende Elternteil kann noch ausnahmsweise Unterhalt verlangen, z.B., wenn er wegen der Betreuung des Kindes nicht oder nicht voll erwerbstätig sein kann. Darüber hinaus besteht ein Unterhaltsanspruch dann, wenn jemand wegen einer Krankheit oder wegen Arbeitslosigkeit nicht erwerbstätig sein kann. Unter Umständen besteht ein Unterhaltsanspruch auch dann, wenn ein Partner eine Ausbildung begonnen, diese in der Ehe aber noch nicht abgeschlossen hat und sie erst nach der Trennung abschließen kann. Arbeitet der Unterhaltsberechtigte in Vollzeit, kann unter Umständen noch ein Unterhaltsanspruch bestehen und zwar dann, wenn seine eigenen Einkünfte geringer sind als die Einkünfte des Unterhaltspflichtigen. Dem liegt die Überlegung zugrunde, dass ein Ehegatte sich nach der Scheidung nicht von heute auf morgen auf deutlich geringere Einkünfte einstellen muss. Die ehelichen Lebensverhältnisse „wirken" vielmehr noch einige Zeit nach. Der Unterhaltsberechtigte kann hier den sogenannten „Aufstockungsunterhalt" beanspruchen, der ihn

Nach der Scheidung gilt heute immer mehr das Prinzip der Eigenverantwortlichkeit.

dann so stellt, dass er an dem – früher höheren – Familieneinkommen noch für eine bestimmte Zeit nach der Scheidung profitiert. Wie lange dies der Fall ist, hängt sehr stark von den Umständen des Einzelfalls ab, etwa der Dauer und der Ausgestaltung der Ehe und dem Alter der Ehegatten bei der Scheidung. Einen unbefristeten Unterhaltsanspruch gibt es heute praktisch nicht mehr. Die Eigenverantwortung nach der Scheidung wird mehr und mehr die Regel. Zieht der unterhaltsberechtigte Elternteil mit einem neuen Partner zusammen, lässt dies zwar noch nicht unmittelbar den Unterhaltsanspruch entfallen. Er muss sich in diesem Fall allerdings schon ab dem Zusammenleben ersparte Aufwendungen anrechnen lassen. Hat sich die neue Lebenspartnerschaft verfestigt – in der Regel nach zwei bis drei Jahren – kann der Unterhaltsanspruch weiter gekürzt werden oder vollständig entfallen. Dies kann schon früher der Fall sein, wenn z. B. aus der neuen Beziehung ein Kind hervorgeht oder gemeinsam Eigentum erworben wird.

Ein unbegrenzter Unterhaltsanspruch besteht nur noch dann, wenn der Unterhaltsberechtigte nachweisen kann, dass ihm durch die Ehe ein Nachteil entstanden ist, den er nicht mehr ausgleichen kann. Dies ist etwa dann denkbar, wenn ein Ehegatte wegen Kinderbetreuung seine Karriere aufgegeben hat und jahrelang zu Hause geblieben ist. Häufig wird es so sein, dass an diese Karriere nicht mehr angeknüpft werden kann. Wenn der Ehegatte nachweisen kann, dass er im Falle einer Fortsetzung seiner Erwerbstätigkeit heute deutlich höhere Einkünfte erwirtschaften könnte, als es ihm jetzt möglich ist, besteht dauerhaft ein Aufstockungsunterhaltsanspruch. Gleiches gilt ausnahmsweise, wenn wegen des Alters oder einer Krankheit des Ehegatten nicht mehr an die gleiche Karriere angeknüpft werden kann. Bei diesen Fällen handelt es sich aber um die Ausnahme.

Da die Fragen, ab wann die Erwerbstätigkeit ausgedehnt werden muss, ab wann wieder voll gearbeitet werden muss und wie lange dann noch Aufstockungsunterhalt gezahlt wird, von der Rechtsprechung derzeit noch sehr uneinheitlich

Der Anspruch auf Ehegattenunterhalt ist stark einzelfallabhängig.

gehandhabt werden, ist es empfehlenswert, dass Eltern zu diesem Punkt eine einvernehmliche Regelung anstreben. Können sich die Eltern auf eine Regelung einigen, haben beide die Möglichkeit, mit dem Geld, das ihnen zur Verfügung stehen wird, verlässlich zu planen (→ Kap. 3, „Mediation").

Kindesunterhalt

Die Höhe des Kindesunterhalts, den der getrennt lebende Elternteil für sein Kind bezahlen muss, ändert sich im Laufe der Zeit. Wichtige Änderungszeitpunkte sind der sechste und der zwölfte Geburtstag eines Kindes. Jeweils ab dem Ersten des Monats, in dem das Kind sechs bzw. zwölf Jahre alt wird und damit in die nächste Altersstufe wechselt, muss der höhere Kindesunterhalt bezahlt werden. Wird das Kind volljährig, ändert sich die Berechnung des Kindesunterhalts. Das volljährige Kind muss den Unterhalt nun von beiden Eltern selbst einfordern, und zwar selbst dann, wenn es noch bei einem Elternteil lebt, etwa weil es noch zur Schule geht. Mit Erreichen der Volljährigkeit sind beide Eltern zu Zahlungen verpflichtet. Der Unterhaltsanspruch richtet sich jetzt nach der vierten Altersstufe der Düsseldorfer Tabelle. Das Kindergeld wird nun vollständig eingesetzt, um den Unterhaltsbedarf zu decken. Da beide Eltern unterhaltpflichtig sind, richtet sich die Höhe des Unterhalts nach den Einkünften beider Eltern. Beide Eltern sind verpflichtet, sich an den Unterhaltszahlungen im Verhältnis ihrer Einkünfte zu beteiligen. Allerdings steht jedem Elternteil ein Betrag von 950 € bzw. 1.150,00 € (Stand 2011) zu, der nicht für den Unterhalt verwendet werden muss, der sogenannte Selbstbehalt. Befindet sich das volljährige Kind noch in einer Schulausbildung, sind die Eltern gesteigert unterhaltspflichtig; es gilt dann der Selbstbehalt von 950 €. Bei anderen volljährigen Kindern beträgt der Selbstbehalt 1.150,00 €.

Nach Volljährigkeit des Kindes sind beide Eltern verpflichtet, Barunterhalt zu zahlen.

Beispiel

Tom, 18 Jahre, geht noch zur Schule. Das für den Unterhalt einzusetzende bereinigte Nettoeinkommen des Vaters sind 3.150 €, das der Mutter 1.550 €, gesamt 4.700 €. Der Unterhalt richtet sich nach einem Einkommen von 4.600 € / Einkommensstufe 9, Tabellenunterhalt 742 €. Der Selbstbehalt der Eltern gegenüber Tom liegt bei 950 € (Düsseldorfer Tabelle Stand 1.1.2011), da Tom zwar volljährig ist, aber noch zur Schule geht.

Unterhaltsberechnung: 742 – 184 (Kindergeld) = 558; diesen Betrag müssen die Eltern aufbringen.

Einkommen der Eltern nach Abzug Selbstbehalt:

Vater 2.200 € (3.150 – 950), Mutter 600 € (1.550 – 950), gesamt 2.800 €; Haftungsanteile Vater 78 %, Mutter 22 %; Zahlbetrag Vater 435 €, Mutter 123 €

Hat die Mutter noch eine Unterhaltsurkunde (→ Kap. 4, „Unterhaltsfragen") des Vaters aus der Zeit, als Tom noch minderjährig war, ist diese auch weiterhin wirksam. Somit ist gewährleistet, dass für das Kind weiterhin ein verbriefter Unterhaltsanspruch besteht.

Die aktuellen Unterhaltsbeträge nach der Düsseldorfer Tabelle können jeweils im Internet ermittelt werden (www.olg-duesseldorf.nrw.de). Jeweils entsprechend aktualisierte Berechnungsbeispiele finden sich unter www.reinhardt-verlag.de.

Ändern sich die Einkommensverhältnisse des Unterhaltspflichtigen, kann sich hieraus unter Umständen ein höherer Unterhaltsanspruch ergeben. Um dies zu überprüfen, sieht das Gesetz einen erneuten Auskunftsanspruch vor. Der Unterhaltspflichtige kann alle zwei Jahre aufgefordert werden, Auskunft über sein aktuelles Einkommen zu erteilen. Ändern sich die finanziellen Verhältnisse des Unterhaltsberechtigten, muss dies unverzüglich und unaufgefordert mitgeteilt werden. Das kommt etwa in Frage, wenn der Unterhaltsberechtigte mit einer Ausbildung beginnt, aber auch dann, wenn er eigenes Vermögen erwirbt, etwa durch eine Schenkung oder Erbschaft. Eigene Einkünfte und eigenes Vermögen müssen mit Ausnahme eines Schonvermögens zur Deckung des Lebensbedarfs verwendet werden. Teilt der Unterhaltsberechtigte Veränderungen seiner finanziellen Situation nicht mit, riskiert er, dass sein Unterhaltsanspruch verwirkt, er ihn also nicht mehr geltend machen kann.

Eine weitere Veränderung kann sich ergeben, wenn weitere Unterhaltsberechtigte hinzutreten, etwa weil in einer neuen Beziehung ein weiteres Kind geboren wird. In diesem Fall ist der Unterhaltspflichtige berechtigt, eine Abänderung der Unterhaltszahlungen zu verlangen.

Elterliche Sorge

Solange die Kinder minderjährig sind, treffen Eltern die wichtigen Entscheidungen für ihre Kinder gemeinsam, wobei die Kinder in diese Entscheidungen auch eingebunden werden sollen, je älter sie werden. Es kann vorkommen, dass ein Kind nach einiger Zeit zum anderen Elternteil ziehen will. Können sich die Eltern darüber nicht einigen und führen sie deswegen eine gerichtliche Auseinandersetzung, kommt dem Wunsch des Kindes häufig eine entscheidende Bedeutung zu. Ab einem Alter von etwa zwölf Jahren wird das „Aufenthaltsbestimmungsrecht" für ein Kind gegen seinen Willen wohl nicht mehr auf einen Elternteil übertragen (→ Kap. 4, „Die elterliche Sorge"; „Umgangsfragen"; Kap. 7, „Das Sorgerecht nach der Trennung"; „Der Kontakt mit dem Kind").

Umgang

Umgangsregelungen sind nicht statisch. Sie unterliegen, wie auch die Lebensgestaltung der Eltern, immer wieder Veränderungen. Je älter die Kinder werden, um so mehr werden ihre Interessen und ihre Meinung auch beim Umgang berücksichtigt. Für einen Teenager wird gegen seinen erklärten Willen auch keine gerichtliche Umgangsregelung mehr durchsetzbar sein.

Ausblick

Je älter Kinder werden, umso deutlicher zeigt sich, ob es den Eltern gelungen ist, ihre Trennung auf eine Art und Weise zu vollziehen, die das Wohl aller Familiemitglieder im Auge hat. Wir wünschen Eltern auf diesem holprigen und manches Mal aussichtslos erscheinenden Weg viel Geduld, Durchhaltevermögen und Erfolg!

10 Wünsche von Kindern an ihre Eltern

1. Ihr trennt euch. Dafür habt ihr bestimmt gute Gründe. Ich finde eure Entscheidung nicht gut, aber ich kann mich darauf einstellen. Ihr müsst mir aber versprechen, dass ich euch beide weiter gern haben kann und dass ihr beide weiter für mich da sein werdet.

2. Wenn ihr etwas klären müsst, dann macht das bitte untereinander aus. Haltet mich aus eurem Streit heraus und streitet nicht in meinem Beisein. Ich will gar nicht wissen, wie sehr ihr euch über den anderen ärgert. Wenn ich euch trotzdem einmal frage, warum ihr euch streitet, dann erklärt mir bitte, dass das eure Sache ist.

3. Weil ich euch beide immer noch sehr gern habe, ist es mir am Liebsten, wenn ihr untereinander ausmacht, bei wem ich wohnen soll. Ihr wisst doch am Besten, was das Richtige für mich ist. Ich kann mich nicht entscheiden, weil ich keinem von euch wehtun will.

4. Ihr sollt auch dafür sorgen, dass ich Papa oder Mama weiter sehen kann. Erwartet bitte nicht von mir, dass ich mich selbst darum kümmere. Wenn ihr euch ständig streitet oder traurig seid, kann ich nicht sagen, dass ich Papa oder Mama besuchen oder anrufen will.

5. Es fällt mir nicht immer leicht, mit der neuen Situation klar zu kommen. Deswegen bin ich manchmal traurig oder wütend. Denkt bitte nicht, dass Papa oder Mama schuld daran ist. Wenn ihr beide für mich da seid, geht es mir bald wieder besser.

6. Haltet euch bitte an eure Absprachen. Es ist sehr schlimm für mich, wenn einer von euch immer zu spät kommt oder wenn ständig etwas mit meiner Kleidung nicht stimmt. Dann regt sich immer einer von euch auf und ich bekomme Bauchschmerzen.

7. Wenn ihr Informationen austauschen müsst, dann macht das bitte untereinander. Sprecht euch ab wie zwei erwachsene Menschen. Setzt mich bitte nicht als Postboten ein.

8. Wenn ihr euch wieder verliebt, ist das für mich in Ordnung, so lange ihr weiter für mich da seid. Redet bitte nicht schlecht über den neuen Partner von Papa oder Mama. Und sagt euren neuen Partnern, dass ich schon zwei Eltern habe und deswegen nicht noch einen Papa oder eine Mama brauche. Erwachsene Freunde kann ich jedoch gut gebrauchen.

9. Mir ist egal, wer von euch Recht hat, wenn ihr euch streitet. Versucht mir das bitte auch nicht zu erklären. Wenn ihr euch gar nicht einigen könnt, ist es mir am Liebsten, wenn einer von euch nachgibt. Das habt ihr mir früher doch auch oft geraten.

10. Ich möchte, dass ihr meine Wünsche ernst nehmt und dass ihr immer daran denkt, wie wichtig ihr beide für mich seid.

(In Anlehnung an Jäckel 2011)

Serviceteil

Literatur

Balloff, R. (2004): Kinder vor dem Familiengericht. Ernst Reinhardt, München / Basel

Derksen, B. (2009): Trennungen in den ersten Lebensjahren. Fortbildung: Vom Säugling zum Kleinkind. Familienzentrum an der Fachhochschule Potsdam

Dettenborn, H. (2010): Kindeswohl und Kindeswille. 3. Aufl. Ernst Reinhardt, München / Basel

Dettenborn, H., Walter, E. (2002): Familienrechtspsychologie. Ernst Reinhardt, München / Basel

Dornes, M. (2001): Die emotionale Welt des Kindes. 2. Aufl. Fischer, Frankfurt

Egle, U. T., Hardt, J. (2005): Pathogene und protektive Entwicklungsfaktoren für die spätere Gesundheit. In: Egle, U., Hoffmann, S. O., Jorschky, P. (Hrsg.): Sexueller Missbrauch, Misshandlung, Vernachlässigung. Erkennung, Therapie und Prävention der Folgen früher Stresserfahrungen. Schattauer, Stuttgart, 20–43

Figdor, H. (1994): Kinder aus geschiedenen Ehen: Zwischen Trauma und Hoffnung. 4. Aufl. Matthias-Grünewald, Mainz

Friedrich, V., Reinhold, C., Kindler, H. (2004): (Begleiteter) Umgang und Kindeswohl: Eine Forschungsübersicht. In: Klinkhammer, M., Klotmann, U., Prinz, S.

(Hrsg.): Handbuch Begleiteter Umgang. Bundesanzeiger Verlag, Köln, 14–39

Grossmann, K., Grossmann, K. E. (2008): Elternbindung und Entwicklung des Kindes in Beziehungen. In: Herpertz-Dahlmann, B., Resch, F., Schulte-Markwort, M., Warnke, A. (Hrsg.): Entwicklungspsychiatrie. Biopsychologische Grundlangen und die Entwicklung psychischer Störungen. 2. Aufl. Schattauer, Stuttgart, 221–241

Hetherington, E. M., Kelly, J. (2003): Scheidung. Die Perspektive der Kinder. Beltz, Weinheim

Jäckel, K. (2011): 20 Bitten von Kindern an ihre Eltern. In: www.karin-jaeckel.de/werhilft/was-kinderwollen2.html, 17.11.2011

Karle, M. (2008): Trennung der Eltern – Trennung der Geschwister? Geschwister-Geschichten. Deutscher Wissenschafts-Verlag, Baden-Baden

Kaslow, F. (2001): Spaltungen: Familien in der Scheidung. In: Walper, S., Pekrun, R. (Hrsg.): Familie und Entwicklung. Aktuelle Perspektiven der Familienpsychologie. Hogrefe, Göttingen, 444–473

Kasten, H. (2003): Geschwister. Vorbilder, Rivalen, Vertraute. 5. Aufl. Ernst Reinhardt, München / Basel

Kelly, J. B. (2003): Risk and protective factors for children of divorce: Current research and interventions. Praxis der Rechtspsychologie, Sonderheft 1, 20–38

Kindler, H., Schwabe-Höllein, M. (2002): Eltern-Kind-Bindung und geäußerter Kindeswille in hochstrittigen Trennungsfamilien. Kindschaftsrechtliche Praxis – Kind-Prax 1, 10–17

Kostka, K. (2006): Das Wechselmodell – Forschungserkenntnisse aus den USA. Familie, Partnerschaft, Recht, 7, 271–274

Largo, R. H., Czernin, M. (2009): Glückliche Scheidungskinder. Trennungen und wie Kinder damit fertig werden. 7. Aufl. Piper, München

Oberlandesgericht Düsseldorf (2005–2011): Düsseldorfer Tabelle. In: www.olg-duesseldorf.nrw.de/07service/07_ddorftab/index.php, 04.08.2011

Ochs, M., Orban, R. (2008): Familie geht auch anders. Wie Alleinerziehende, Scheidungskinder und Patchworkfamilien glücklich werden. Carl-Auer, Heidelberg

Salzgeber, J., Stadler, M., Schmidt, S. M., Partale, C. (1999): Umgangsprobleme – Ursachen des Kontaktabbruchs durch das Kind jenseits des Parental Alienation Syndroms. Kindschaftsrechtliche Praxis – Kind-Prax 4, 107–111

Salzgeber, J. (2005): Familienpsychologische Gutachten. Rechtliche Vorgaben und sachverständiges Vorgehen. 4. Aufl. C. H. Beck, München

Schmidt-Denter, U. (2000): Entwicklung von Trennungs- und Scheidungsfamilien: Die Kölner Längsschnittstudie. In: Schneewind, K. A. (Hrsg.): Familienpsychologie im Aufwind. Brückenschläge zwischen Forschung und Praxis. Hogrefe, Göttingen, 203–221

Schneewind, K. A. (2010a): Familienpsychologie. 3. Aufl. Kohlhammer, Stuttgart

Schneewind, K. A., Böhmert, B. (2010b): Kinder im Grundschulalter kompetent erziehen. Der interaktive Elterncoach „Freiheit in Grenzen". 2. Aufl. Hans Huber, Bern

Schulz von Thun, F. (1998): Miteinander reden 1: Störungen und Klärungen. Rowolth, Hamburg

Schwarz, B. (1999): Die Entwicklung Jugendlicher in Scheidungsfamilien. Beltz, Weinheim

Statistisches Bundesamt (2008): Pressemitteilung Nr. 307 vom 25.08.2011. In: www.destatis.de/jetspeed/portal/cms/Sites/destatis/Internet/DE/Presse/pm/2008/08/PD08__307__122,templateId=renderPrint.psml, 04.08.2011

Staub-Utiger, L., Felder, W. (2003): Scheidung und Kindeswohl. Ein Leitfaden zur Bewältigung schwieriger Übergänge. Hans Huber, Bern

Unzner, L. (2006): Bindungstheorie und Wechselmodell. Familie, Partnerschaft, Recht 7, 274–277

Walper, S., Gerhard, A.-K. (2003): Entwicklungsrisiken und Entwicklungschancen von Scheidungs-

kindern. Praxis der Rechtspsychologie, Sonderheft 1, 91-113

Literatur zum Weiterlesen

Psychologische Themen für Eltern

Bliersbach, G. (2007): Leben in Patchwork-Familien. Halbschwestern, Stiefväter und wer sonst noch dazu gehört. Psychosozial-Verlag, Gießen

Derksen, B., Lohmann, S. (2009): Baby-Lesen. Die Signale des Säuglings sehen und verstehen. Hippokrates, Stuttgart

Figdor, H. (1994): Kinder aus geschiedenen Ehen: Zwischen Trauma und Hoffnung. 4. Aufl. Matthias-Grünewald, Mainz

Hetherington, E. M., Kelly, J. (2003): Scheidung. Die Perspektive der Kinder. Beltz, Weinheim

Juul, J. (2008): Nein aus Liebe. Klare Eltern – starke Kinder. 9. Aufl. Kösel, München

Largo, R. H., Czernin, M. (2009): Glückliche Scheidungskinder. Trennungen und wie Kinder damit fertig werden. 7. Aufl. Piper, München

Ochs, M., Orban, R. (2008): Familie geht auch anders. Wie Alleinerziehende, Scheidungskinder und Patchworkfamilien glücklich werden. Carl-Auer, Heidelberg

Schneewind, K. A., Böhmert, B. (2010): Kinder im Vorschulalter kompetent erziehen / Kinder im Grundschulalter kompetent erziehen / Jugendliche kompetent erziehen. Der interaktive Elterncoach „Freiheit in Grenzen" 2. Aufl. Hans Huber, Bern

Kostenlose Broschüren

Dimpker, H., v. z. Gathen, M, Maywald, J. (2007): Wegweiser für den Umgang nach Trennung und Scheidung. Wie Eltern den Umgang am Wohl des Kindes orientieren können. Herausgegeben von: Deutsche Liga für das Kind in Familie und Gesellschaft e.V., Deutscher Kinderschutzbund, Verband alleinerziehender Mütter und Väter. 2. Aufl. Berlin

Faust, E., Weiser, E. (2007): Neue Wege entdecken. Praxisbeispiele für den Umgang mit dem Umgang. Herausgegeben vom Verband allein erziehender Mütter und Väter Landesverband NRW e.V.

Verband alleinerziehender Mütter und Väter (2010): alleinerziehend. Ausgabe 19

Verband alleinerziehender Mütter und Väter Landesverband NRW e.V. (2006): Großeltern – Ruhender Pol in stürmischen Zeiten

Juristische Themen für Eltern

Franke, B., Nick, M. (2010): WISO: Scheidungsberater. 2. Aufl. Campus, Frankfurt / New York

Schendel, A. (2009): Pocket Recht: Scheidungsrecht: Von der Trennung bis zum Vermögensausgleich Cornelsen, Berlin

Strecker, Ch. (2010): Versöhnliche Scheidung: Trennung, Scheidung und deren Folgen einvernehmlich regeln. 4. Aufl. Beck, Rechtsberater im dtv, München

Zwißler, F. (2010): Geld-Checkliste Scheidung: Die entscheidenden Schritte – Richtig handeln im Trennungsjahr. 9. Aufl. Walhalla, Regensburg

Kinderliteratur zum Thema Trennung und Scheidung

Für Kinder im Kindergarten- und Vorschulalter

Brett, D. (2008): Ein Zauberring für Anna. Therapeutische Geschichten für Kinder von 3 bis 8 Jahren. Iskopress, Salzhausen

Brown, L. K., Brown, M. (1988): Scheidung auf dinosaurisch. Carlsen, Hamburg

Enders, U., Sodermanns, I., Wolters, D. (2004): Auf Wieder-Wiedersehen. Beltz, Weinheim

Maar, N., Ballhaus, V. (2010): Papa wohnt jetzt in der Heinrichstraße. Atlantis, Stolberg

Weninger, B., Maucier, C. (2008): Auf Wiedersehen Papa. Michael Neugebauer Edition, Bargteheide

Für Kinder im Grundschulalter

Fried, A., Gleich, J. (1999): Der unsichtbare Vater. 2. Aufl. Carl Hanser, München

Maxeiner, A., Kuhl, A. (2010): Alles Familie! Vom Kind der neuen Freundin vom Bruder von Papas früherer Frau und anderen Verwandten. Klett-Kinderbuch, Leipzig

Napoli, D. J., Jakobeit, B. (2004): Als Papa das Klavier mitnahm. DTV, München

Für Kinder ab 10 Jahren

Boie, K. (2005): Man darf mit
dem Glück nicht drängelig sein.
3. Aufl. Fischer, Frankfurt

Härtling, P. (2000): Lena auf dem
Dach. 2. Aufl. Beltz, Weinheim

Websites zum Thema

Informationen über Anforderungen an Kindertagesstätten:

„Checkliste Kinder unter drei
in Kitas" (www.bertelsmann-
stiftung.de/bst/de/media/
xcms_bst_dms_16179__2.pdf)

„Checkliste Kita-Platz" (www.ber-
telsmann-stiftung.de/bst/de/media/
xcms_bst_dms_17403__2.pdf)

Informationen über Anforderungen an Tagesmütter / Tagesväter:

„Anforderungsliste Tagesmutter"
(www.handbuch-kindertagespflege.
de/2_wissenswertes_fuer_el-
tern/28_checklisten/dok/46.php)

Übersicht über regionale Mediationsangebote:

Bundesarbeitsgemeinschaft
für Familienmediation (BAFM)
(www.bafm-mediation.de).

Leitlinien zur Klärung von Unterhaltsfragen: Die Düsseldorfer Tabelle.

Die jeweils aktuelle Düsseldorfer
Tabelle findet man an zahlreichen
Stellen im Internet, etwa auf der
Homepage des Oberlandesgerichts
Düsseldorf in der Rubrik Service
(www.olg-duesseldorf.nrw.de).

Wenn sich Änderungen in der Düsseldorfer Tabelle ergeben, finden Sie die
aktualisierten Fallbeispiele des Buches
unter: www.reinhardt-verlag.de

Hilfen zur Organisation des Alltags:

www.umgangskalender.de

www.mein-papa-kommt.de

Aufstellung Hausratsverteilung

Hausrat	Anschaf-fungswert	Zeitwert	Zuordnungs-wunsch		Verteilung		Ausgleichs-zahlung	
			Frau	Mann	Frau	Mann	Frau	Mann
Flur								
Wohnzimmer								
Küche								
Schlafzimmer								
Kinderzimmer								
Arbeitszimmer								
Keller								
Diverses								

Wenn Paul behauptet, er sei Paula …

Stephanie Brill / Rachel Pepper
Wenn Kinder anders fühlen – Identität im anderen Geschlecht
Ein Ratgeber für Eltern
2011. 248 Seiten.
(978-3-497-02216-8) kt

- **konkrete Erziehungstipps**
- **hilfreiche Adressen, Internetseiten und Musterbriefe**

Dieses Buch ist ein Ratgeber für Eltern und alle, die sich mit dem Phänomen der Transidentität von Kindern und Heranwachsenden befassen. Es klärt sachlich und informativ über Transidentität auf und antwortet auf typische Elternfragen.

Besonders wertvoll sind die zahlreichen Tipps für Verhalten, Erziehung und Gestaltung des Alltags – damit sich das Kind in Einklang mit seiner Einzigartigkeit entwickeln kann. Das Buch macht sensibel für das Erkennen und Verstehen von Transidentität im Alltag. Hierzu helfen auch die klaren Begriffe, mit denen die Autorinnen arbeiten.

 reinhardt
www.reinhardt-verlag.de

Wir sind eine Familie!

Inga Bethke-Brenken / Günter Brenken
Mut zur Patchwork-Familie
So gelingt das neue Miteinander
2011. 167 Seiten.
(978-3-497-02227-4) kt

• **Zahl der Patchworkfamilien wächst**
• **konkrete Hilfen für den Familienalltag**

Wer sich nach einer Trennung auf einen neuen Partner einlässt, traut sich was. Wer sich auf eine neue Familie einlässt, braucht eine gehörige Portion Mut – und häufig guten Rat. Dieses Buch gibt praktische Hilfestellung für brenzlige Situationen im Alltag einer Patchwork-Familie. Wie lassen sich die komplexen Familienbeziehungen gestalten, damit sie für Eltern und Kinder ein Gewinn werden? Wie kann man schwierige Verhaltensmuster im Zusammenleben erkennen und verändern? Wo findet man notfalls Unterstützung? Einfühlsam beschreiben die Autoren die besondere Situation von Patchwork-Familien. Sie zeigen, wie Eltern die anfängliche Begeisterung erhalten sowie in Phasen von Unsicherheit den Familienzusammenhalt stärken und neues Vertrauen schaffen können.

www.reinhardt-verlag.de

Bereits in 5. Auflage!

Franz J. Mönks / Irene H. Ypenburg
Unser Kind ist hochbegabt
Ein Leitfaden für Eltern
(»Kinder sind Kinder«; 14)
5., neu gest. und aktual. Aufl. 2012.
151 Seiten. zahlr. Abb. Innenteil zweifarbig.
(978-3-497-02259-5) kt

- **Was ist Hochbegabung?**
- **Wie fördert man ein hochbegabtes Kind?**
- **Wie können Erziehungs- und Schul-
  probleme vermieden werden?**

Fundiert informiert der bewährte Ratgeber Eltern rund um das Thema Hochbegabung. Zahlreiche Tipps für Erziehung und Förderung zu Hause und in der Schule helfen dabei, den besonderen Begabungen und Bedürfnissen der Kinder gerecht zu werden.

Aus dem Inhalt

Verschiedene Begabungsformen

Hochbegabung und Talent

Außerschulische Fördermöglich-
keiten

Was ist richtige Förderung?

Was ist Überstimulierung und
Überforderung?

Fördermaßnahmen in der Schule

Beispiele für differenzierte Unter-
richtsangebote

www.reinhardt-verlag.de

Brisantes Thema: Internet-Mobbing

Karl E. Dambach
Wenn Schüler im Internet mobben
Präventions- und Interventionsstrategien
gegen Cyber-Bullying
(»Kinder sind Kinder«; 36)
2011. 122 Seiten. 5 Abb. 4 Tab.
(978-3-497-02209-0) kt

- **Schüler und Lehrer werden Opfer**
- **Konzepte und Handlungsvorschläge**
  für Prävention und Intervention

Cyber-Bullying bzw. Mobbing per Internet, E-Mail und Handy ist ein wachsendes Problem unter Kindern und Jugendlichen. Auch Lehrer werden Opfer des elektronischen Mobbings. Juristische und technische Maßnahmen, wie das Löschen der entsprechenden Internetseiten, helfen oft wenig.

Der Autor schlägt eine Feedback-Kultur im Klassenzimmer vor. So lernen die SchülerInnen, sich gegenseitig Rückmeldung zu geben und ihre Kritik am Lehrer und an den Mitschülern direkt vorzubringen. Sie müssen sich nicht mehr zu Hause über das Internet Luft machen. Neben der Förderung des sozialverantwortlichen Handelns durch den Unterricht werden auch die Zusammenarbeit mit den Eltern und das Coaching von Mobbing-Opfern thematisiert. Konkrete Beispiele zeigen die praktische Umsetzung.

www.reinhardt-verlag.de

Die ersten Tage im Kindergarten

Anne Boller
Mein Kind kommt in den Kindergarten
(»Kinder sind Kinder«; 33)
2008. 108 Seiten. Innenteil zweifarbig.
(978-3-497-02041-6) kt

- **erprobte Beispiele aus der Praxis**
- **Tipps zur unterstützenden Begleitung**

Wenn ein Kind in den Kindergarten kommt, stellen sich die Eltern viele Fragen: „Wird mein Kind dort gut betreut?", „Wird es sich wohlfühlen?", „Wie kann ich mein Kind unterstützen?"

Beinahe alle Kinder kommen mit der neuen Gruppe besser zurecht, wenn eine vertraute Person sie in den ersten Tagen begleitet: Während Carla nur ab und an einen Blick mit der Mutter austauscht, setzt sich Miriam immer wieder auf den Schoß des Vaters. Sebastian hingegen schließt sich gleich einer Kindergruppe an, die Verstecken spielt. So unterschiedlich die Kinder auch sind, allen dient die vertraute Person als sichere Basis.

Anne Boller zeigt an Beispielen aus ihrer langjährigen Praxis, wie man ein Kind unterstützen kann, damit es gut im Kindergarten ankommt.

reinhardt
www.reinhardt-verlag.de

Der Sandmann ist endlich da!

Helena Harms
Mit Wolkenschäfchen in den Schlaf
Ratgeber für ausgeschlafene Eltern
und ihre Kinder
(»Kinder sind Kinder«; 34)
2009. 117 Seiten. 9 Tab. Innenteil zweifarbig.
(978-3-497-02059-1) kt

- **Kleine Hilfen mit großer Wirkung**
- **mit Geschichten und Entspannungs-
  tricks**

Helena Harms erklärt in diesem Ratgeber, warum auch größere Kinder oft mit Schlafproblemen zu kämpfen haben.

Die Autorin zeigt, wie Eltern ihre Kinder liebevoll und behutsam auf ihrem Weg zum guten Schlaf begleiten. Sie erklärt, wie man mit Albträumen umgeht, Streitigkeiten um das Ins-Bett-Gehen entschärft und kleine Energiebündel schnell und sicher zur Entspannung bringen kann.

Neben wichtigen Informationen über Schlafverhalten und Biorhythmus bei Kindern leiten zahlreiche Gute-Nacht-Geschichten zu einem Entspannungsritual an. Sie geben den Eltern Anregungen und Vorlese-Möglichkeiten und nehmen den Kindern die Angst vor dem Schlaf.

www.reinhardt-verlag.de

Was Kinderzeichnungen bedeuten …

Martin Schuster
Kinderzeichnungen
Wie sie entstehen, was sie bedeuten
(»Kinder sind Kinder«; 35)
3., überarb. Auflage 2010. 192 Seiten.
(978-3-497-02137-6) kt

- mit Interpretationsbeispielen
- spielerische Förderung des Maltalentes

Wenn Kinder anfangen zu zeichnen, können sie ihre Weltsicht noch nicht in Worten erklären. Gibt die Kinderzeichnung Einblick in die Gedanken und Gefühle der Kinder? Ja, sagt der Autor dieses Buches – man muss nur allgemeine Entwicklungsmerkmale und den Einfluss der kulturellen und familiären Umgebung berücksichtigen. Martin Schuster beschreibt, wie sich die Kinderzeichnung mit zunehmender Weltkenntnis entwickelt. Zeichenprobleme, wie z. B. die Tiefendarstellung, werden kreativ bewältigt. Bildbeispiele zeigen, welche verschlüsselten Botschaften in einer Kinderzeichnung stecken können. Zahlreiche Vorschläge laden Eltern und Erzieher dazu ein, das Maltalent der Kinder mit einfachen Aufgaben und Spielen zu fördern.

 reinhardt
www.reinhardt-verlag.de

So macht Rechnen wieder Spaß!

Helena Harms
Spielend rechnen lernen
Zahlenspaß für Grundschulkinder und ihre Eltern
(»Kinder sind Kinder«; 32) Innenteil zweifarbig.
2008. 122 Seiten. 11 Abb. 11 Tab.
(978-3-497-01994-6) kt

- mit Spielen, Rätseln und Geschichten
- Wegweiser durch die „Lernsackgasse"

Mathematik ist ein Fach, das Kindern oft schwer fällt. Es muss allerdings keine Rechenschwäche vorliegen, oft fehlt ihnen nur das richtige Gefühl für Zahlen und Formeln. Häufig sind es kleine Missverständnisse, die dazu führen, dass das Kind an Rechenaufgaben scheitert oder nicht weiter kommt. Wie hilft man nun dem Kind aus dieser „Lernsackgasse" heraus?
In diesem Ratgeber zeigt die Autorin, wie Probleme mit dem Rechnen entstehen und wie man ihnen begegnen kann. Eltern erfahren, wie sie dem Kind spielerisch ein Gefühl für Mathematik vermitteln können. Mit Spielen, Piratengeschichten und Rätseln kann das Kind ganz ohne langweiliges Pauken und Lernen Mathematik selbst entdecken.

www.reinhardt-verlag.de

Vorbereitung auf die Montessori-Schule

Christine Hagemann / Ingrid Börner
Schulfähig mit Montessori
Optimale Vorbereitung in der Kita
Innenteil zweifarbig.
(»Kinder sind Kinder«; 17)
2., überarb. Aufl. 2009. 123 S. 28 Abb. 1 Tab.
(978-3-497-02113-0) kt

- **gezielte Förderung im Kindergarten**
- **Montessori-Material richtig einsetzen**

Beim Übergang vom Kindergarten in die Schule müssen Kinder zahlreiche neue Aufgaben und Anforderungen bewältigen. ErzieherInnen können die Kinder mithilfe der Montessori-Pädagogik dabei begleiten.

Wie lassen sich Montessori-Materialien im Kindergarten zur Schulvorbereitung einsetzen? Welche Kompetenzen können mit dem Ansatz von Montessori unterstützt werden, und welche Vorläufer-funktionen können gefördert werden? Die Autorinnen antworten auf diese Fragen und zeigen praxisorientiert, wie man Kinder mit Montessori-Material auf die Schule vorbereiten kann.

www.reinhardt-verlag.de

Unterstützung der Linkshändigkeit

Sylvia Weber
Linkshändige Kinder richtig fördern
Innenteil zweifarbig
(»Kinder sind Kinder«; 23)
3., überarb. Aufl. 2008. 128 Seiten.
Zahlr. Fotos und Zeichnungen.
(978-3-497-01964-9) kt

- **Grundlagen zum Verständnis der Händigkeit**
- **Informationsteil mit Adressen**

Wenn ein Kind die linke Hand bevorzugt nutzt oder auch beide Hände abwechselnd, sind die Eltern oft verunsichert. Linkshändigkeit bei Kindern ist zwar heute nicht mehr verpönt, doch gerade während der ersten Lebensjahre und bis ins Grundschulalter stellen sich den Eltern unzählige praktische Fragen. Sylvia Weber, die ihre Linkshändigkeit erst als Erwachsene entdeckte, kennt die Fragen und Sorgen der Eltern. Sie beschreibt wichtige Grundlagen zum Verständnis der Händigkeit, erklärt, woran Eltern die Händigkeit ihres Kindes früh erkennen können. Und sie gibt hilfreiche Tipps, wie Eltern, ErzieherInnen und LehrerInnen die natürliche Bevorzugung der linken Hand sinnvoll unterstützen können.

www.reinhardt-verlag.de

Bibliografische Information der Deutschen Nationalbibliothek
Die Deutsche Nationalbibliothek verzeichnet diese Publikation in der Deutschen Nationalbiblio-
grafie; detaillierte bibliografische Daten sind im Internet über <https://dnb.d-nb.de> abrufbar.
ISBN 978-3-497-02238-0 (Print)
ISBN 978-3-497-60042-7 (E-Book)
ISSN 0720-8707

© 2012 by Ernst Reinhardt, GmbH & Co KG, Verlag, München

Dieses Werk, einschließlich aller seiner Teile, ist urheberrechtlich geschützt. Jede Verwertung
außerhalb der engen Grenzen des Urheberrechtsgesetzes ist ohne schriftliche Zustimmung der
Ernst Reinhardt GmbH & Co KG, München, unzulässig und strafbar. Das gilt insbesondere für Ver-
vielfältigungen, Übersetzungen in andere Sprachen, Mikroverfilmungen und für die Einspeiche-
rung und Verarbeitung in elektronischen Systemen.

Printed in Germany
Cover unter Verwendung eines Fotos von © pressmaster-Fotolia.com
Satz: Arnold & Domnick, Leipzig

Bildquelleninnenteil:
S.3: © pressmaster-Fotolia.com, S.10/11, 86/87: © Tomasz Trojanowski – Fotolia.com, S.12: © Miredi
– Fotolia.com, S.14: © detailblick – Fotolia.com, S.22: © Giuseppe Porzani – Fotolia.com, S.31:
LanaK – Fotolia.com, S.33: © alma_sacra – Fotolia.com, S.44: © Tatyana Gladskih – Fotolia.com,
S.88: © klickerminth – Fotolia.com, S.93, S.163: © Ljupco Smokovski– Fotolia.com, S.165: © Gina
Sanders – Fotolia.com, S.180/181: © Kzenon – Fotolia.com, S.182: © Jacek Chabraszewski – Foto-
lia.com, S.185: © Sandra Gligorijevic – Fotolia.com, S.195: © Jasmin Merdan – Fotolia.com, S.198:
© Jeanette Dietl – Fotolia.com, S.207: © Christian Schwier – Fotolia.com

Ernst Reinhardt Verlag, Kemnatenstr. 46, D-80639 München
Net: www.reinhardt-verlag.de E-Mail: info@reinhardt-verlag.de